Magda Bauckmann

Kiwi

AF 129973

Vierte Auflage
53 Farbfotos
12 Zeichnungen

VERLAG
EUGEN
ULMER

Zeichnungen von Marlene Gemke, Germering

Bibliografische Information Der Deutschen Bibliothek
Die Deutsche Bibliothek verzeichnet diese Publikation in der Deutschen
Nationalbibliografie; detaillierte bibliografische Daten sind im Internet über
http://dnb.ddb.de abrufbar.

ISBN 3-8001-4448-4

© 1987, 2003 Eugen Ulmer GmbH & Co.
Wollgrasweg 41, 70599 Stuttgart (Hohenheim)
Internet: www.ulmer.de
Lektorat: Agnes Pahler
Herstellung: Otmar Schwerdt
Satz: Typomedia GmbH, Ostfildern
Druck und Bindung: Aprinta, Wemding
Printed in Germany

Vorwort

Die Kiwifrucht hat einen festen Platz im Obstsortiment erobert. Daher erscheint es nur gerechtfertigt, nähere Ausführungen über sie zu machen. Zunächst einmal fanden nur die Früchte Beachtung, wenige Jahre später interessierte auch die Pflanze selbst. Ein Gartenbesitzer ist immer bereit, Neues auszuprobieren und wenn es zusätzlich von Erfolg gekrönt ist, spricht es sich schnell herum.

Während bei einheimischen Kulturen die Ansprüche nicht so hochgesteckt sind, muß man bei Pflanzen wärmerer Klimazonen umdenken, wenn sie im Freiland nördlicher Breitengrade weiterwachsen und fruchten sollen. Anders ist die Situation bei künstlich herbeigeführten Standortverhältnissen wie in einem Gewächshaus. Dort lassen sich Temperaturen, Licht und Wasser so steuern, daß eine Sonderkultur der ursprünglich gewohnten Umwelt angepaßt werden kann.

Der Anbau wird dann problematisch, wenn die Pflanzen eine Größenordnung erreichen, die nicht mehr in die Dimensionen eines umbauten Raumes hineinpassen. Pflanzen anderer Klimazonen sind nicht bedingungslos übertragbar, vor allem wenn es sich um eine Umsetzung aus einem subtropischen Gebiet in eine kältere Klimaregion handelt. Dies würde auf die Kiwi-Pflanze zutreffen, die in subtropischen Regionen beheimatet ist. Dort gelten als ideale Bedingungen sonniges Klima, sandiger Boden, hohe, regelmäßige Niederschläge und niedrigere Temperaturen bis zu leichtem Frost kurz vor Erntebeginn und keine stärkere Windbeeinflussung.

Bei uns dürfte die Kiwi-Kultur am wenigsten am Wasser scheitern und ein leichterer Boden ist in einigen Gebieten durchaus vorhanden. Dagegen sind die notwendigen Wärmegrade und Sonnenscheinstunden im Freiland kaum jemals erreichbar. Ebenso müssen die tiefen Temperaturen hingenommen werden. Sie sind ein begrenzender Faktor für einen langjährigen erfolgreichen Kiwi-Anbau im Freiland.

Diese Kenntnis um die Ansprüche einer Kiwi-Kultur wird wohl kaum einen Gartenbesitzer davon abhalten, das Risiko auf sich zu nehmen, mit einem Anbauversuch zu starten. Er wird sich an Ort und Stelle überzeugen lassen, ob eine Erweiterung der Pflanzung sinnvoll ist oder es bei der Einmaligkeit bleiben sollte. Der Reiz, Kiwi-Pflanzen zu besitzen, sie blühen zu sehen und ihre Fruchtbarkeit bestaunen zu können, wird um so größer, je mehr Erfolgsmeldungen an einen herangetragen werden. Ein Erlebnis ist diese Kultur in jeder einzelnen Entwicklungsphase.

Die folgenden Ausführungen sollen dazu beitragen, das Risiko bei einer Kiwi-Pflanzung zu erkennen, die positiven Möglichkeiten abzuwägen und Fehlentscheidungen möglichst zu vermeiden.

Wer einen erfolgreichen Kiwi-Anbau, sei es im Gewächshaus oder Freiland praktiziert, sollte die Kiwi nicht nur roh genießen, sondern ihre Vielfalt auch in der Zubereitung kennenlernen.

Dr. Magda Bauckmann
Taunusstein, Frühjahr 1987 und 2003

Inhalt

Wissenswertes zur Kiwi

Herkunft und Geschichte

Actinidien (*Actinidia* Lindl. f. *Actinidiaceae*) bilden eine selbständige Familie, zu der mehrere Arten gehören. Die meisten besitzen nur Zierwert. Besonders fruchtbare Arten sind *Actinidia arguta* Sieb. et Zucc., *Actinidia kolomikta* Rupr. et Maxim. und *Actinidia chinensis* Planch. Letztere ist bei uns besser bekannt als Kiwi.

Der Name »Kiwi« stammt von dem flugunfähigen nachtaktiven Schnepfenstrauß, auch Kiwi genannt. Er ist so groß wie ein Huhn. Das Gefieder des gewöhnlichen Kiwi *(Apteryx australis)* ist einfach, es erinnert an ein dichtes dunkelbraunes Fell. Im Gegensatz zu den meisten anderen Vögeln ist ihr Geruchssinn gut entwickelt, weil sie nur nachts auf Futtersuche gehen. Sie können nicht fliegen, ihre Flügel sind verkümmert.

Der gewöhnliche Kiwi hatte früher in Neuseeland keine natürlichen Feinde, bevor andere Tierarten wie Hund, Katze, Wiesel oder Iltis auf die Insel gebracht wurden. Durch eine schnelle Flucht kann sich der Kiwi-Vogel den Verfolgern nicht mehr entziehen. Er ist jetzt ebenso gefährdet wie der Große Fleckenkiwi *(Apteryx haasti)* und der Kleine Fleckenkiwi *(Apteryx owenii)*, die vor allem in den südlichen Landesteilen leben.

Die Maori haben diesen Schnepfenvogel immer Kiwi genannt. Wenn man sich an die uns bekannte braune, pelzartige Frucht Beine und einen Kopf mit langem gebogenen Schnabel vorstellt, so könnten wir einen Schnepfenstrauß erkennen (siehe Abbildung).

»Kiwi« ist ebenso der Spitzname für die Bewohner aus dem Südpazifik. Die Anregung zu der Namensgebung »Kiwi« für *Actinidia chinensis* gab ein Händler aus San Francisco, der für die Verkaufsstrategie einen einprägsamen Namen haben wollte.

Um die Jahrhundertwende kamen die ersten Früchte von *Actinidia chinensis* nach Neuseeland. Alexander Allison aus Wanganui zog 1906 die ersten Pflanzen aus Samen. Ein chinesischer Freund soll ihm die Früchte aus China mitgebracht haben. Eine andere Version besagt, daß die ersten Kiwi-Pflanzen von Seefahrern nach Neuseeland gebracht wurden, die sie von Freunden aus China als Geschenk erhalten hatten. Damals hatten sie noch nicht den Namen Kiwi.

Zunächst wurde die seltsame, braunpelzige Frucht Yang-tao genannt. Im alten chinesischen Kaiserreich ist in alten Geschichtsbüchern zu lesen, daß diese Frucht aus dem Yang-Tse-Tal bereits bekannt war. Sie gedieh dort am Rande der Wälder.

Aus der geschenkten Frucht *Actinidia chinensis* hat Allison Pflanzen herangezogen. In den folgenden Jahren säte er weitere Samen aus, um mehr Sämlinge zur Beobachtung zu bekommen. 1910 trugen die ersten Pflanzen Früchte, die als Ausgangsmaterial für alle weiteren Pflanzungen in Neuseeland gelten.

Man glaubte Anfang dieses Jahrhunderts wohl nicht, daß in verhältnismäßig so kurzer Zeit eine beinahe unscheinbare und wenig attraktive Frucht einen Siegeszug ohnegleichen um die Welt antreten wird.

In den Anfängen schenkte man der Kiwi kaum Beachtung, obgleich Züchtungs- und Ausleseverfahren begannen. Nur durch einen Zufall kam in den 20er Jahren der Durchbruch mit der Anpflanzung in der Bucht von Plenty, der Bucht des Überflusses, wie sie genannt wird, mit dem besonders zusagenden Klima für die Kiwi: 1925 fand der Obstbauer Bruno Just südöstlich von Auckland auf der Nordinsel von Neuseeland um die Bucht von Plenty ideale Bedingungen für die noch weitgehend unbekannte Frucht. Aber erst 1937 unternahm der Hobbygärtner Jim MacLoughlin in Te Puke einen größeren Anbauversuch auf fruchtbarem Boden in dem milden Klima dieses Landstriches. Es sollte die Grundlage für einen wirtschaftlich erfolgreichen Anbau werden.

Die Verwendungsfähigkeit der Kiwi als handelsfähige Frucht überlegte man ernstlich 1940, als mehrere kleine Anlagen in der Bucht von Plenty zu fruchten begannen. Seit dieser Zeit gab es eine stetige Weiterentwicklung von Pflanzung und Erzeugung. Nach einer Stagnation im zweiten Weltkrieg konnten 1953 die ersten Früchte nach Europa exportiert werden, und von diesem Zeitpunkt an war der Siegeszug der Kiwi-Frucht über alle Kontinente nicht mehr aufzuhalten. In den ersten 20 Jahren steigerte sich der Exporthandel mit Kiwi-Früchten um das 180fache!

Heimat und Verbreitung

Es ist kaum bekannt, daß *Actinidia chinensis* in Südostasien bereits seit über 1200 Jahren kultiviert wurde. Im 15. Jahrhundert erschien in der altchinesischen Literatur eine erste Beschreibung. Danach gab es kaum entsprechende Hinweise über ein mögliches Verbreitungsgebiet. Erst 1845 hat der Pflanzensammler Robert Fortune die Actinidien wieder entdeckt. Sie wurden 1847 von dem französischen Botaniker Jules Emile Planchon erneut beschrieben.

Beinahe parallel zum ersten Anbauversuch in Neuseeland kamen Samen um 1900 nach Florida, ebenso nach Frankreich und England. Vermutlich war ein weiterer Anbau wegen der ungünstigeren klimatischen Verhältnisse nicht erfolgreich. Die Pflanzen standen in den botanischen Gärten und wurden kaum beachtet.

Erst als die Kiwi-Frucht immer bekannter und beliebter wurde, rechnete man sich vor allem in den Mittelmeerländern gute Chancen für einen kommerziellen Anbau aus. Von 1960 bis 1970 entstanden die ersten Anlagen in Italien, Frankreich, Spanien und Griechenland.

Actinidia arguta wird schon seit langem in Europa und Asien kultiviert. Der russische Züchter Mitschurin hat sie weitergezüchtet.

Es konnte nicht ausbleiben, daß auch die klimatisch weniger günstigen Gebiete nördlich der Alpen an einem Anbau beteiligt sein wollten. Man hat es seitdem immer wieder versucht – mit wechselndem Erfolg.

In Zukunft wird es die Aufgabe der Züchtung sein, in die *Actinidia chinensis* frostfestere Formen wie *Actinidia arguta* oder *Actinidia kolomikta* einzukreuzen, um auch in nördlicheren Breiten den Actinidien-Anbau auf breiterer Basis zu ermöglichen.

Andere Namen der im Handel befindlichen Kiwi sind: Chinesische Stachelbeere oder Chinesischer Strahlengriffel, Schafs-, Affenpfirsich, Yang-tao (Eselspfirsich) aus dem Tal von Yang-Tse, weiterhin Souris vegetale (Pflanzenlächeln), Min-hon-tao, Mao-erntao.

Die meisten anderen Actinidien-Arten haben wesentlich kleinere Früchte als die bekannte Kiwi. Daher sind sie hauptsächlich für die Züchtung interessant. – Vor allem für die Erhöhung der Frostfestigkeit, die bekanntlich bei den jetzt angebauten Kiwi sehr minimal ist, wie immer wieder bestätigt werden kann.

Von dem Formenkreis der Actinidien sind nur die beiden winterharten Arten *Actinidia arguta* und *Actinidia kolomikta* für einen Fruchtgenuß interessant. Alle anderen Varietäten schmecken entweder zu bitter, zu fade oder die Frucht ist so klein, daß eine Verwertungsmöglichkeit nicht gegeben ist. Sie haben als Schlingpflanzen vor allem Zierwert.

Actinidia arguta und A. kolomikta

Actinidia arguta ist schon sehr alt, denn sie wurde bereits in der Vegetation des Tertiärs festgestellt. 770 n. Chr. wurde die *Actinidia arguta* zum ersten Mal beschrieben und auch über Jahrzehnte in Europa und Asien kultiviert, meist in botanischen Gärten. *Actinidia arguta* stammt aus Japan und der Ostmandschurei, ihr Verbreitungsgebiet erstreckt sich bis zum Taigagürtel. Die strauchartigen Schlinggewächse erweckten das Interesse des großen russischen Züchters Mitschurin. Auf der Suche nach winterharten Formen von eßbaren Früchten beschäftigte er sich eingehend mit den beiden Actinidien-Arten *A. arguta* und *A. kolomikta*. Aus der Taiga stammen drei Züchtungen. Die 'Fruchtbare Actinidie' zunächst mit einem reichen und regelmäßigen Fruchtertrag und rundlichen, grüngelben,

kirschgroßen und sehr süßen Früchten. Die Blätter waren dunkelgrün, oval und glänzend. Ein reicher, duftender, weißer Blütenflor konnte jeweils im Juni bewundert werden.

Weitere *Arguta*-Züchtungen von Mitschurin waren die 'Frühreife Actinidia' mit angenehm schmeckenden Früchten und die sehr ertragreiche 'Spätreifende Actinidia'.

Eine großfrüchtigere *Arguta*-Art wird in Japan 'Kokuwa' genannt. Ihre Früchte sind wegen des Honiggeschmackes besonders bei Kindern sehr beliebt.

Die zweite *Actinidia*-Form mit eßbaren Früchten ist *Actinidia kolomikta*. Es handelt sich um eine schwach schlingende Art mit purpurbraunen Zweigen. Die Blätter sind spitzoval von einem stumpfen Grün. Interessant sind dabei die kreideweißen Spitzen, die später eine rosarote Färbung bekommen. Die duftenden, weißen Blüten erscheinen im Mai–Juni. Etwas bläulich angehauchte, süße Früchte hängen im Spätherbst an den Trieben.

Von *Actinidia kolomikta* wurde eine sehr gute Sorte in der dritten Züchtungsgeneration ausgelesen und 'Mitschurins Ananas Actinidie' genannt. Auf einem Strauch findet man Früchte von sehr unterschiedlichem Aussehen. Sie sind oval bis kugelig oder länglich mit Kerben, die die Frucht gefurcht erscheinen lassen. Die saftigen, süßsäuerlichen Früchte dieser Züchtung sind grün. Der ananasähnliche Geschmack gab der Sorte diesen Namen. Mitte August liegt die Reifezeit. Die Früchte sind fest und daher auch gut versandfähig.

Bei beiden Arten erscheint die überaus hohe Frostfestigkeit von –30 bis –40 °C bemerkenswert. Außerdem lassen sie sich durch Stecklinge, die unmittelbar nach dem Laubfall geschnitten werden sollten, sehr leicht vermehren.

Durch weitere Züchtungen wurde um die Jahrhundertwende von Mitschurin die gegen Pilzkrankheiten resistente Sorte 'Klara Zetkin' ausgelesen. Ihre Früchte sind hellgrün, die Form ähnelt einer länglich bis walzenförmigen Stachelbeere. Sie ist saftig, sehr süß und hat wohlriechende Blüten. Die Frucht sitzt fest am Stiel, so werden Ernteverluste vermieden. Auch diese

Actinidia kolomikta zeichnet sich durch eine überaus hohe Frostfestigkeit aus. Am Strauch findet man Früchte von sehr unterschied-lichem Aussehen. Sie sind oval bis kugelig; längliche Kerben können die Frucht gefurcht erscheinen lassen.

Sorte konnte man leicht durch Steck-holz vermehren, und sie war sehr frosthart.

Weitere Actinidia-Arten

Actinidia henryi aus Yunnan ist eine hochschlingende Art mit dicht rotzottig behaarten Zweigen und etwa 2 cm lan-gen Früchten. Die lang zugespitzten Blätter sind fein gesägt.

Actinidia purpurea stammt aus West-china und ist mit *Actinidia arguta* ver-wandt. Sie hat lange Blätter und einzeln sitzende Blüten. Die geschnäbelte, pur-purrote, eiförmige Frucht schmeckt süß.

Außer den genannten Arten sind noch erwähnenswert: *Actinidia poly-gama* aus Japan, China und der Mand-schurei, *Actinidia rufa* aus Japan und *Actinidia strigosa* aus den 3000 m ho-hen Gebieten des Osthimalaja. *Actini-dia callosa* kommt ebenfalls aus den Höhengebieten des Himalaja bis 2500 m und *Actinidia championii* ist in Südvietnam beheimatet. Man sieht, daß es bei den Actinidien-Arten eine sehr große Formenmannigfaltigkeit von sehr interessanten Arten gibt. Für den Gartenbesitzer böten weitere eß-bare Actinidien-Arten sicher eine große Bereicherung des Obstsorti-ments. Man muß sich aber vorläufig da-mit abfinden, daß alle frostharten Acti-nidien-Arten wesentlich kleinere Früchte hervorbringen als die bekannte Kiwi. Der Ertrag liegt dafür höher.

Der Kiwi-Anbau in der Welt

Keine andere Pflanze hat in so kurzer Zeit das Interesse von Anbauern ge-weckt wie *Actinidia chinensis*, die Kiwi. Es gehörte beinahe schon zum guten Ton, Kiwis zu besitzen, wenn auch die Risiken des Anbaues noch nicht bekannt waren. Die kurzen Anlei-tungen beim Kauf einer Kiwi-Pflanze konnten nur eine Richtlinie sein. Sie verhinderten nicht die späteren Schwierigkeiten, mit der sich der Be-sitzer konfrontiert sah.

Nicht nur Hobbypflanzer stürzen sich auf die neuartige Pflanze, sondern auch Anbauer, die in dieser neuen Kul-tur die Möglichkeit sehen, eine höhere Flächenrendite zu erwirtschaften. Ki-wis werden als Schalenware oder zum Gewichtspreis angeboten, immer weni-ger zum Stückpreis. Natürlich sieht dann die Kalkulation etwas anders aus, zumindest nicht mehr so günstig wie beim Einzelpreis.

In allen Teilen der Welt entstehen Kiwi-Anlagen, nachdem die Kiwi-Ströme aus der südlichen Hemisphäre einen guten Gewinn bringen. So lang-sam kommen jetzt viele Anlagen in Er-trag und man kann annehmen, daß bei einem sehr großen Angebot die Preise noch weiter absinken bis zu einer Ware nach üblichem Gewichtsangebot. Der steigende Bedarf führt in vielen Län-dern zu einer starken Ausweitung der Produktionskapazitäten, nicht nur im klassischen Anbaugebiet Neuseeland.

Anbau in Europa

Nachdem die Ansprüche einer Kiwi-Pflanze für einen erfolgreichen Anbau bekannt wurden, hat man auch in Eu-ropa versucht, eine Kiwi-Kultur aufzu-bauen. Wo man den begrenzenden Fak-tor Frost ausschließen kann, gibt es

durchaus die Möglichkeit, Kiwi erfolgreich über Jahre mit größtmöglichem Gewinn zu produzieren.

Anfang der 70er Jahre entstanden in Italien die ersten Anlagen südlich von Rom. In Verbindung mit einer deutschen Handelsfirma wurde dort der Kiwi-Anbau sehr schnell vorangetrieben. Nach und nach kamen weitere Pflanzungen in den südlichen Regionen dazu. So ist ein Anbau heute in der Emilia Romagna, in Kalabrien, in Kampanien und Latium bis zur adriatischen Küste vorhanden. Der gute Absatz der italienischen Qualitätsfrüchte veranlaßte die Anbauer in den nördlichen Landesteilen Venetien und Piemont, den Kiwi-Anbau auf kommerzieller Basis ebenfalls zu versuchen.

Das Warenangebot aus Italien besteht von September bis Januar-Februar. Gerade um die Weihnachtszeit ist der Verkauf der Kiwi-Früchte besonders lukrativ. In Europa steht Italien flächenmäßig an erster Stelle und weltweit an dritter Stelle nach Neuseeland und Amerika.

Die Italiener sind selbst große Konsumenten von Kiwi-Früchten. Wenn allerdings alle neu geschaffenen Anlagen in Vollertrag kommen, müssen andere Absatzmärkte gesucht werden. Hier wird es viel Konkurrenz geben.

Frankreich. Von Oktober bis Mai sind Kiwi-Importe aus Frankreich zu erwarten. Der Kiwi-Anbau ist in den letzten Jahren sprunghaft angestiegen, vor allem in den südlichen Landesteilen. Eine sehr große Ausweitung der Kiwi-Anlagen ist auch für die nächsten Jahre zu erwarten, denn die Planung sieht eine Flächenentwicklung um das Vielfache vor. Vor allem in den Südgebieten wie in der Gironde, Dordogne, Landes und Pyrénées Atlantiques ist eine Produktion mit steigender Tendenz zu verfolgen. Auch in Südfrankreich, den Gebieten Perpignan, Haute Garonne und Midi Pyrénées konnte sich der Kiwi-Anbau ausweiten. In der Provence und im Rhônetal entstanden etliche Anlagen, ebenso entwickelt sich ein Anbau in der Bretagne. Korsika schließt sich aus dem Kiwi-Anbau nicht aus.

Die Kiwikultur ist schon nach wenigen Jahren zu einem festen Bestandteil der Obstproduktion geworden. Da die Absatzmärkte in der Nähe liegen, ist es nicht verwunderlich, daß 70 bis 75 % der Kiwis im angrenzenden Ausland abgesetzt werden. Der Rest bleibt im Lande.

In Frankreich liegt der Kiwi-Anbau in klimatisch günstigen Gebieten. Bei einer guten Marktorganisation bereitet der Absatz keine Schwierigkeiten, da die Qualitätsfrüchte bei den kurzen Anlieferungswegen nur geringe Transportkosten verursachen.

Spanien. Seit etwa fünfzehn Jahren konnte auch in Spanien die Kiwi im Anbau als neue Fruchtart Fuß fassen. Das größte Problem stellt hier das Wasser dar. Bereits vor der Pflanzung muß ein gut funktionierendes Bewässerungssystem aufgebaut sein, damit die Jungpflanzen gleich zügig anwachsen können. Die Anbaufläche ist in Galizien und Asturien noch zu gering, um auf dem europäischen Markt als ernsthafte Konkurrenz zu gelten. Die bis jetzt vorhandenen Kiwi-Früchte werden vorwiegend auf den inländischen Märkten abgesetzt. Ob an eine stärkere Ausweitung gedacht ist, läßt sich vorläufig nicht erkennen.

Portugal. Vor allem in den südlichen Gebieten hat Portugal seine Kiwiproduktion erweitert.

Österreich. In Österreich beschränkt sich der Kiwi-Anbau auf Versuche. Einige private Anbauer haben Kiwis aufgepflanzt. Trotz der wärmeren Gebiete in Kärnten wird es auf besonders günstigen Standorten nur gelegentlich für einen örtlichen Markt reichen. Die Frostperioden sind, wie in Deutschland, der begrenzende Faktor. Es herrscht nur ein vorsichtiger Optimismus in bezug auf den Kiwi-Anbau. Erfolge gibt es durchaus, aber für eine kontinuierliche Marktbelieferung reicht die Produktion nicht aus.

Griechenland. Anders ist der Anbau in Griechenland zu sehen. Bei günstigen Klima- und Bodenverhältnissen ist eine stärkere Kiwi-Produktion für die nächsten Jahre zu erwarten. Man strebt eine wesentlich höhere Flächenausweitung für den Kiwi-Anbau an. Wenn alle Pläne für einen erweiterten Anbau realisiert werden, ist Griechenland als Konkurrent anderer europäischer Länder anzusehen.

Außereuropäische Anbaugebiete

Naher Osten – Israel. Anbauversuche begannen in Israel in verschiedenen Landesteilen wie in der Nähe des Libanon, in der Negevwüste und im fruchtbaren Jordantal. Die Schwierigkeiten liegen hier in den hohen Wintertemperaturen. Man versucht, die Ruhephase

Neuseeland ist das erste Land, in dem ein systematischer Plantagenanbau mit Kiwis begann. Die Aufnahme zeigt eine Erwerbsanlage; im Hintergrund erkennt man die notwendige Windschutzpflanzung.

mit chemischen Mitteln zu brechen. Wegen der Anbauerschwernisse werden die Kiwi-Anlagen kaum größere Ausmaße erreichen, zumal andere Kulturen wie Avocado und Zitrusfrüchte höhere Prioritäten besitzen.

Neuseeland. Nachdem die ersten Früchte der Art *Actinidia chinensis* in Neuseeland ausgelesen wurden und dort ein systematischer Plantagen-Anbau bereits in den 50er Jahren begann, hat sich der Anbau in den folgenden Jahren kontinuierlich ausgeweitet und der Kiwi-Markt baute sich auf. Bis jetzt ist Neuseeland der größte Produzent der Welt. Zunächst wurde das Gebiet der nördlichen Insel, vor allem die Bucht von Plenty mit dem für die Kiwi besonders geeigneten Klima zum Zentrum des Anbaus. Weitere Anlagen entstanden um Auckland in Northland und südlich um Poverty Bay an der Ostküste. Im Norden der Südinsel um Nelson bildete sich von 1960 bis 1970 ein weiteres Kiwi-Anbaugebiet. Die Hauptproduktionsgebiete liegen in Neuseeland zwischen dem 35. und 42. Breitengrad.

Die vulkanischen, warmen Böden und das ausgeglichene Klima, gepaart mit vielen Niederschlägen und hohen Sonnenscheinstunden, erweisen sich als idealer Standort. Gegen die Winde sind von vornherein für alle Anlagen

Windschutzpflanzungen vorgesehen. Sie stehen bereits einige Jahre vor der Neupflanzung, um die zarten Kiwi-Blätter zu schützen.

In Neuseeland erfolgt die Kiwi-Ernte ab Mai, kurz danach kommen sie in den Handel. Auf den europäischen Märkten sind neuseeländische Kiwis ab Juni zu haben. Der Absatz kann, dank moderner Kühllagerung, bis Dezember verlängert werden, so daß Ende des Jahres eine Konkurrenz mit den europäischen Anbauländern besteht. Während die ersten Früchte in Nesteinlagen einzeln gelegt werden, hat sich in den späteren Monaten eine Vermarktung lose in Containern durchgesetzt.

Der Anbau stagniert, er ging in einigen Gebieten stark zurück.

Man ist bemüht, die Erträge zu erhöhen. So versucht man, Kiwi-Pflanzen heranzuziehen, die an einem Stiel mehrere Früchte tragen, ähnlich einer Traube. Bei den Sorten 'Monty' und 'Abbott' kommt es durchaus vor, daß 2 bis 3 Früchte an einem Stiel hängen. Eine höhere Produktivität ohne Flächenerweiterung ist dann durchaus möglich. Man ist seit einigen Jahren dabei, die Kiwi-Pflanzen in dieser Richtung auszulesen. Es wird versucht neue Absatzmärkte zu erschließen, und hat sie über die weiterverarbeitende sowie Kosmetikindustrie gefunden. Im neuen Angebot sind Säfte, Weine, Marmeladen sowie Seifen und Cremes.

Amerika. Mit zu den ersten Ländern, die Kiwis plantagenmäßig produziert haben, gehört Nordamerika. Die USA stehen jetzt an zweiter Stelle der Welterzeugung von Kiwis. Während in den Jahren vor 1960 nur eine geringe Nachfrage bestand, waren die Anbauer vorsichtig mit der Errichtung größerer Plantagen. Erst die steigenden Neuseelandexporte zogen auch die Kiwi-Früchte aus Nordamerika nach sich.

Es entstanden mehrere Gebiete mit verstärktem Anbau wie in Kalifornien das Tal des San Joaquin-Flusses südlich von San Francisco und nördlich bei Sacramento. Diese klimatisch bevorzugten Gebiete für einen Kiwi-Anbau liegen ähnlich wie in Neuseeland zwischen dem 35. und 40. Breitengrad. Das Bestreben geht dahin, verstärkt Kiwis im Land selbst zu vermarkten.

Japan. Seit ungefähr 20 Jahren stieg der Kiwi-Anbau in Japan sprunghaft an. Es soll zunächst der eigene Bedarf gedeckt werden, um von den hohen Importen aus Neuseeland und Amerika unabhängig zu werden. An einem baldigen Export ist man selbst sehr interessiert. In nur wenigen Jahren wurde die Anbaufläche verzehnfacht und man will baldmöglichst eine weitere Steigerung erreichen.

China. Trotz der eigentlichen Ursprungsgebiete von Kiwis und besonders der Heimat der *Actinidia chinensis* soll die Produktion in China über den eigenen Bedarf nicht ausgeweitet werden. Zumindest wird in naher Zukunft keine Exportkette für Kiwis aufgebaut.

Südafrika. Auch in den klimatisch für Kiwis geeigneten Regionen von Natal, Transvaal und um Kapstadt war der Kiwi-Anbau erfolgreich. Einer Ausweitung der Produktion für einen Export, vor allem in die europäischen Länder, dürfte nichts im Wege stehen, zumal die Ernte vor der in Neuseeland liegt. Außerdem ist der Transportweg kürzer.

Übrige Länder. Australien, Südamerika, Chile und Brasilien sowie Kenia spielen beim Kiwi-Anbau bis heute nur eine untergeordnete Rolle ohne große Expansionswünsche.

Eine Kultur, die so großes weltweites Interesse in so kurzer Zeit gefunden hat, ist einmalig in der Geschichte des Obstbaues. Die Kiwi hat sich in einigen Ländern zu einer wichtigen Handelsware entwickelt und es bleibt zu hoffen, daß sie nicht nur als Frischfrucht, sondern auch in feineren Varianten auf dem Speiseplan weitere Erfolge erzielt.

Besonderheiten von Frucht und Pflanze

Inhaltsstoffe

Frische Kiwis haben eine ganze Menge wichtiger Inhaltsstoffe, die für den Verbraucher von größter Bedeutung sind. Nicht nur das erfrischende Fruchtfleisch, sondern auch die zahlreichen Kerne besitzen einen hohen gesundheitlichen Wert. Die Kerne müssen für die Keimung so viele Nährstoffe speichern, bis sich die Pflanze mit Hilfe der Wurzeln eigene Aufbaustoffe holen kann. Deshalb ist eine hohe Anzahl von Kernen mit eine Garantie für wertvolle Inhaltsstoffe, zumal sie gerade bei der Kiwi vom Körper sehr gut verwertet werden.

Vitamine

Vitamine sind organische, d. h. verbrennbare Wirkstoffe, die in kleinsten Mengen für die Verwertung der Nährstoffe im Körper und für andere Lebensvorgänge unentbehrlich sind.

Vitamin C. Bekannt ist besonders der hohe Vitamin-C-Gehalt im Fruchtfleisch. Kiwi enthalten in 100 g Frischfrucht 120 bis 300 mg Vitamin C. Es kommt auf den Standort an, wo sie gewachsen sind. Die Werte können unteraber auch überschritten werden. Jährliche Schwankungen sind möglich. Der Vitamingehalt ist je nach Reifegrad 8- bis 10mal so hoch wie in einer Zitrone. Nimmt man eine Orange, eine Zitrone und eine Grapefruit zusammen, ist der Vitamingehalt einer einzigen Kiwi erreicht. Damit wird der benötigte Tagesbedarf von 75 bis 120 mg gedeckt. Der Bedarf ändert sich je nach Lebens-alter, Geschlecht, Eß- und Lebensgewohnheiten sowie besonderen Belastungen.

Das Vitamin C (Ascorbinsäure) hat seine Bedeutung im oxidativen Abbaustoffwechsel. Es wirkt mit bei der Spaltung von ungesättigten Fettsäuren (Linolensäure) und bestimmten Proteinen. Vitamin C wird durch Wärme schnell zerstört und es gilt als ein besonders empfindliches Vitamin. Man findet es in Früchten, grünen Pflanzen, Milch und in der Leber. Vitamin C wirkt besonders gegen die Frühjahrsmüdigkeit, Appetitlosigkeit, Skorbut, Herzbeschwerden und gegen eine verzögerte Wundheilung. Zur Abwehr von Infektionskrankheiten, für die Zahn-und Knochenbildung und gegen Zahnfleischbluten ist dieses Vitamin unentbehrlich. Es beeinflußt die Eisenverwertung und somit die Blutbildung. Notwendig ist es außerdem im Körper zur richtigen Verwertung von Eiweiß. Für eine geistige und körperliche Leistungssteigerung ist Vitamin C sehr wichtig.

In der frischkostarmen Jahreszeit ist das Vitamin C eine wertvolle und willkommene Vitaminquelle, zumal die Kiwi hervorragend schmeckt und die angenehme Säure erfrischend wirkt. Zur Entschlackung und zu Frühjahrskuren sind Kiwis ausgezeichnet geeignet. Mit dem Genuß ist ein Ausgleich gegenüber vielen Störungen im Körper verbunden.

Vitamin C ist wasserlöslich. Es wird vom Körper nicht gespeichert, sondern muß jeden Tag neu zugeführt werden. Ein Vorteil beim Vitamin C ist es, daß es auch nach längerer Lagerzeit zum größten Teil erhalten bleibt.

Mittlerer Gehalt in 100 g eßbarem Anteil von Kiwi-Früchten

Kohlehydrate	9,10 bis 12,00 g	Kalium	332 bis 450 mg
Eiweiß	1,00 g	Natrium	4,7 bis 9,5 mg
Fett	0,46 g	Kalzium	38,0 mg
Pektin	0,98 g	Phosphor	67,0 mg
Gesamtsäure	1,38 g	Eisen	0,3 bis 0,9 mg
Gesamtzucker	10,00 g	Magnesium, Kupfer	
Vitamin C	57 bis 300 mg	und Chrom	0,035 mg
(Ascorbinsäure)		(= 20 bis 70 % des Tagesbedarfs)	
Vitamin E	1,2 mg		
(= 10 % des Tagesbedarfs)		Chlorophyll	47,0 mg

Kalorien	53	(234 kJ)
Wasser	80 g	

Kiwis sind deshalb so wertvoll, weil sie im Winterhalbjahr in ausreichender Menge zur Verfügung stehen.

Vitamin B 1. Dieses Vitamin ist ebenfalls wasserlöslich und hat eine zentrale Aufgabe im Zellstoffwechsel. Es wird auch Energievitamin genannt. Für die richtige Verwertung von Stärke und Zucker im Stoffwechsel ist es sehr wichtig. Vitamin B 1 hat eine hohe Thermolabilität. Ein Mangel an diesem Vitamin wirkt sich aus in der Atrophie (Organ- und Gewebeschwund), bei Skorbuterscheinungen, Hungerödemen, Nervenentzündungen und Gliederschmerzen.

Notwendig ist es bei Magen- und Darmverstimmungen sowie anderen Stoffwechselstörungen. Der Tagesbedarf liegt bei 1,2 bis 2 mg.

Vitamin E. Neben diesen beiden wichtigen Vitaminen ist noch das Vitamin E in der Kiwi zu nennen, welches gegenüber höheren Temperaturen beständig ist. Es ist für den Eiweißstoffwechsel notwendig und auch als Antisterilitäts- oder Fertilitätsvitamin bekannt. Bei starker körperlicher Anstrengung liegt der Bedarf an Vitamin E deutlich höher. Vitamin E wirkt dem ungünstigen Einfluß unausgeglichener Kostformen entgegen. Auf die Durchblutung der Gewebe und die Blutbildung wirkt sich das fettlösende Vitamin E günstig aus. Gesteigerte Fettzufuhr erhöht den Bedarf an diesem Vitamin. Im Darm fördert die Aufnahme von Vitamin E die Gallensäure. Bei verringertem Sauerstoffangebot in großen Höhenlagen wirkt Vitamin E als Schutzstoff und setzt dadurch die Höhenerträglichkeitsgrenze hinauf. Vitamin E ist für jeden Sporttreibenden von außerordentlicher Bedeutung. Es wirkt auch gegenüber den oxidativen Veränderungen der Vitamin-B-Gruppe. Vorhanden ist Vitamin E in Kiwi-Früchten und grünen Blättern, es wirkt auch auf die Muskel- und Drüsenfunktionen. Der Tagesbedarf liegt bei 2 bis 5 mg.

Neben diesen wichtigen Vitaminen gibt es noch eine große Anzahl von Stoffen, die eine Kiwi-Frucht von vielen anderen Obstarten unterscheidet.

Eiweiß

Die Eiweißkörper oder Proteine sind organische Verbindungen aus Kohlenwasserstoff, Sauerstoff und Stickstoff, in Einzelfällen auch mit Phosphor und Schwefel. Eiweiß findet man in allen Lebewesen als einen in seiner Zusammensetzung für die betreffende Pflanzenart (oder Tierart) kennzeichnenden Bestandteil der Zellen. Chemisch gesehen bestehen alle Eiweißarten aus organisch-chemischen Bausteinen, die als Aminosäuren bezeichnet werden und aus allen Gruppen der organischen Kohlenstoffverbindungen stammen. Eiweiß liefert dem Körper die notwendigen Bausteine für den Zellenaufbau und ist daher unentbehrlich, es ist auch in der Kiwi enthalten. Der Tagesbedarf eines Menschen beträgt 30 g Eiweiß pro Tag.

Mineralstoffe

Kalzium. Wenn der Kalziumgehalt des Blutes zu niedrig liegt, wird die Anfälligkeit gegen Rachitis, Bronchialasthma, Nesselsucht und Heuschnupfen erhöht. Um eine intensive Wirkung zu erzielen, werden Vitamine zugesetzt. Bei der Kiwi ist schon alles in einer Frucht vereint, so muß nicht auf die Einnahme von Einzelkomponenten zurückgegriffen werden.

Kalium. Der Kaliumwert in der Kiwi ist als hoch zu bezeichnen.

Eisen. Eisen ist als unentbehrliches Spurenelement zur Vermehrung des Blutfarbstoffes bei Blutarmut bekannt.

Natrium. Natrium und diverse andere Inhaltsstoffe wie Phosphor, Magnesium, Kupfer und Chrom sind in Kiwis enthalten, aber nur in sehr kleinen Mengen.

Kalorien

Wegen der extrem niedrigen Kalorien von 40 bis 50 mg erscheint der Verzehr von Kiwis geradezu ideal. Natürlich sollten Kiwi auch nicht im Übermaß genossen werden, sondern gut dosiert. Bei einem empfindlichen Magen können durch die anregenden Substanzen und die zahlreichen Kerne Störungen im Verdauungstrakt vorkommen. Trotzdem muß der gesundheitliche Wert der Kiwi sehr hoch angesetzt werden.

Fett, Pektine und Chlorophyll sind in geringen Konzentrationen vorhanden, aber trotzdem sehr wertvoll (siehe Tabelle).

Die Angaben der einzelnen Untersuchungen müssen naturgemäß schwanken. Es kommt auf das Gebiet an, wo die Früchte gewachsen sind. Kriterien sind der Erntezeitpunkt, der Untersuchungstag und letztlich wirkt sich die Jahreswitterung mit den Niederschlägen und Sonnenscheinstunden sehr entscheidend auf die Bildung der Inhaltsstoffe aus. Wenn eine Frucht in zu großer Wärme gewachsen ist, werden die Inhaltsstoffe schneller abgebaut und danach sind zur Erntezeit geringere Werte zu erwarten.

Unterschiede bei den Inhaltsstoffen gibt es auch bei den Sorten. So hat 'Ab-

bott' den niedrigsten Gesamt-Vitamin-C-Gehalt und 'Bruno' den höchsten. Deshalb muß die Frucht aber nicht besser schmecken. Bei der Dehydroascorbinsäure hat wieder 'Bruno' den höchsten und 'Hayward' den niedrigsten Anteil. Die Trockensubstanz liegt bei den untersuchten Sorten 'Hayward', 'Bruno', 'Abbott' und 'Monty' zwischen 19,16 und 16,85 %.

Geschmack
Kiwis haben einen ausgeprägten eigenen Geschmack. Sollte man ihn jedoch beschreiben, müßte er als Zusammensetzung von Melonen-, Weintrauben-, Bananen-, Stachelbeer-und Erdbeergeschmack charakterisiert werden.

Die Kiwi wird als »Frucht der Gesundheit« bezeichnet. Sie ist es in hohem Maße.

Actinidin
Die Kiwi enthält das eiweißspaltende Enzym Actinidin. Wenn Fleisch mit Kiwi eingerieben wird, verringert sich die Garzeit um etwa ein Drittel, außerdem wird es viel zarter.

Das Actinidin verhindert das Festwerden der Speisen, wenn Gelatine verwendet wird. Außerdem können die eiweißspaltenden Enzyme in Verbindung

mit Milchprodukten einen leicht bitteren Geschmack hervorrufen. Deshalb sollten solche Speisen sofort verzehrt werden, bevor nach etwa einer halben Stunde die Bitterstoffe zur Geltung kommen.

Triebe, Blätter, Früchte

Triebe
Bei jungen Pflanzen sind die Austriebe leuchtend rot und mit vielzelligen Haaren bedeckt, während sie bei älteren Pflanzen ins Grünbräunliche übergehen. Wildformen haben an ihren schlingenden Trieben zottige Haare, auch sie sind an den jungen Zweigen rötlich gefärbt.

Meist wächst die Kiwi eher strauchartig, sie bildet zunächst keinen Stamm aus. Man kann durch Schnittmaßnahmen den ersten Trieb zu einem Stamm unterschiedlicher Höhe heranziehen. Er verholzt nach einigen Jahren. Ob es sinnvoll ist, einen Stamm zu ziehen, hängt von den Wünschen des Besitzers ab. Bei einer Pergola-Erziehung mit nur dachartiger Belaubung, ohne erwünschte Sichtbehinderung an den Seiten, ist eine Stammerziehung günstiger,

ebenso bei den Hochdrahtspalieren. Für eine Begrünung aller Seiten wird besser ein Fächerspalier aufgebaut. Kiwis sind starke linksdrehende Schlinger, sie ranken an allem weiter, was ihre Sproßspitzen erreichen können.

Die Knospen sind verhältnismäßig sehr groß, weiche Schuppen und Rindenteilchen schützen sie gegen Winterfröste. Es können sowohl Frucht- als auch vegetative Triebe aus ihnen hervorgehen.

Blätter

Kiwi-Blätter sind bei den Kultursorten ziemlich groß, sie erreichen eine Blatt-

breite von durchschnittlich 20 × 25 cm und mehr. Kleinere Blätter besitzen die Wildformen mit 8 bis 10 cm Länge. Es gibt Sortenunterschiede. Die Sorte 'Hayward' wächst nicht nur am stärksten, sie hat auch die größten Blätter. Bei Sämlingspflanzen gibt es alle Übergänge von klein bis groß und eine große Mannigfaltigkeit in den Blattformen. Sie können rundlich/breit bis lang, schmal und spitz sein.

Im allgemeinen sind die Blätter unserer Sorten breit, ovalrund oder etwas länger gestreckt, herzförmig und wechselständig. Sie besitzen keine Nebenblätter. Der Blattrand ist gezähnt. Während die Blattoberseite dunkelgrün und so gut wie unbehaart ist, sind auf der weißlichen Blattunterseite an den Blattadern rötliche Haare zu sehen. Junge Blätter fühlen sich weich und flaumig an, sie sind äußerst bruch- und windempfindlich. Ältere Blätter verlieren die Behaarung, sie werden lederartig und steif.

Früchte

Was den Anbauer und Verbraucher am meisten interessiert, ist natürlich die Kiwi-Frucht selbst. Langsam hat man sich daran gewöhnt, daß nicht das Äu-

21

Fruchtform und Farbe schwanken bei der Kiwi je nach Sorte. Charakteristisch ist die gelbe, fleischige Mittelachse. Um sie herum sind feine Lamellen angeordnet, in deren Zwischenraum sich die Samenkörner befinden.

ßere entscheidend, sondern der Inhalt begehrenswert ist. Deshalb wird der Genuß durch ihre Unansehnlichkeit kaum geschmälert, zumal die Schale nicht mitgegessen wird.

Je nach Herkunft und Sorte unterscheiden sich die Kiwi-Früchte äußerlich in Form, Größe, Farbe und Behaarung. Unterschiede gibt es außerdem in der Fruchtfleischfarbe, der Samenanzahl, der Konsistenz, dem Geschmack und Aroma.

Kurz nach der Befruchtung (2 bis 3 Tage) kann das Anschwellen des Fruchtknotens beobachtet werden. Nach der Juniblüte benötigt die Frucht für das Heranreifen etwa 5 Monate. Somit kann bei uns mit der Ernte nicht vor Anfang bis Mitte November gerechnet werden.

Fruchtform, Fruchtfarbe, Fruchtfleisch. Je nach Sorte, einschließlich der Sämlings- und Wildartennachkommenschaften gibt es ganz kleine kugelige Früchte mit allen Übergängen bis zur langen, großen, schlanken Form wie bei der Sorte 'Bruno'.

Während bei den *Actinidia arguta*- und *Actinidia kolomikta*-Formen mehr Kleinfrüchtige zu finden sind, von Haselnuß- oder Stachelbeergröße, konn-

ten bei den Auslesen der *Actinidia chinensis*-Nachkommenschaften Früchte bis Hühnerei- oder Enteneigröße erzielt werden. Sicher ist diese Entwicklung noch lange nicht abgeschlossen.

Im langjährigen Durchschnitt der Jahre betrug das Längen:Breiten-Verhältnis der bekanntesten *Actinidia chinensis*-Sorten:

'Hayward'	6,68 : 4,91	max : min
'Abbott'	6,02 : 4,00	
'Monty'	5,75 : 4,26	
'Bruno'	6,04 : 3,63	

Aus diesen Meßergebnissen geht klar hervor, daß die meist angebotene 'Hayward' bis jetzt am größten ist.

In wärmeren Klimazonen wird die Ausbildung der Frucht begünstigt. Sie kann 1 bis 2 cm sowohl in der Länge als auch in der Breite abweichen.

Die Fruchtform läßt sich als elliptisch bis eiförmig bezeichnen. Walzenförmige Früchte mit einem oder beiden abgeflachten Enden sind ebenfalls vorhanden. Je nach Sorte oder Sämlingsherkunft variiert die Deckfarbe der Fruchthaut von Hellgrün bis Dunkelbraun. Je länger die Lagerung dauert, desto dunkler wird die Frucht.

Die mit feinen, kurzen, hell bis dunkelbraun gefärbten Haaren bedeckte

Fruchtschale ist 0,3 bis 0,5 mm dick. Die zur Erntezeit zunächst filzig (pelzig) erscheinende Frucht verliert im Laufe der Lagerung fast die gesamte Behaarung.

Die Frucht ist mit einem 3 bis 4 cm langen und 2 bis 4 mm dicken Stiel mit dem Ast verbunden.

Das Fruchtfleisch der Kiwi variiert von sehr Hell- bis intensiv Dunkelgrün, es ist sehr saftig. Das Fleisch umgibt die aus Teilen der Fruchtblätter entstandenen, leicht gelblich gefärbte, fleischige Mittelachse. Vom Stiel führt ein ganz harter Dorn von 0,5 bis 1 cm in die Mitte der Achse hinein.

Um die Mittelachse sind strahlenförmig ganz feine Lamellen angeordnet, in deren Zwischenraum sich die weich anfühlenden Samenkörner befinden. Sie besitzen eine Verbindung zur Mittelachse.

Samenzahl. Die Samenzahl schwankt von 400 bis über 1000 Stück je nach Sorte und Fruchtausbildung. Sie sind 1 bis 2 mm lang, dunkel und etwas abgeplattet. Das Tausendkorngewicht beträgt bei der größten Sorte 'Hayward' 1,0 bis 1,5 g. Beim Genuß des Fruchtfleisches stören die Samen nicht, weil das Fruchtfleisch anliegt. Es besteht eine große Ähnlichkeit mit den Stachelbeeren, deren Samen auch kaum wahrgenommen werden.

Nach dem Trocknen sind die Samen sehr hart. Die Samenzahl hängt direkt von der Fruchtgröße ab, deshalb ist es besonders wichtig, eine vollständige Befruchtung zu erreichen. Viele Samen bedeuten daher eine gute Ausbildung der Frucht.

Chromosomen

Die männlichen und weiblichen Blüten sind bei der Kiwi diözisch, deshalb kommen weibliche und männliche Pflanzen vor. Jeder Kiwi-Strauch hat entweder Blüten mit Pollen oder einen Griffel mit Pollenkranz. Zwitterpflanzen sind durchaus möglich. Für die Fruchtbildung ist es notwendig, zwei verschieden geschlechtliche Pflanzen zu besitzen.

Die Kiwi hat 58 Chromosomen. Andere Actinidien-Arten besitzen einen Chromosomensatz von $2n = 116$ (2×58). Ein höherer Chromosomensatz ist durchaus möglich.

In den Chromosomen der Samenzellen sind die Erbanlagen zu finden. Die Informationen oder Impulse sind als chemische Energie gespeichert. Sie lenken den Stoffwechsel einer Pflanze und bestimmen ihr Erbbild, solange keine Störungen eintreten. Jeder Zellkern enthält die gesamte genetische Information der Pflanze, nach ihr richtet sich die spätere Entwicklung.

Kiwi-Blüten

Die Blüten sind das sicherste Merkmal für die Unterscheidung von männlichen und weiblichen Pflanzen. Ohne Blüten ist eine Unterscheidung in den ersten Jahren kaum möglich, vor allem bei Sämlingsnachkommenschaften, die in ihren Wuchs- und Blattmerkmalen sehr stark differieren. Bei Steckholz ist die Herkunft der männlichen und weiblichen Pflanzen klar, wenn die Bezeichnung nicht vertauscht wurde.

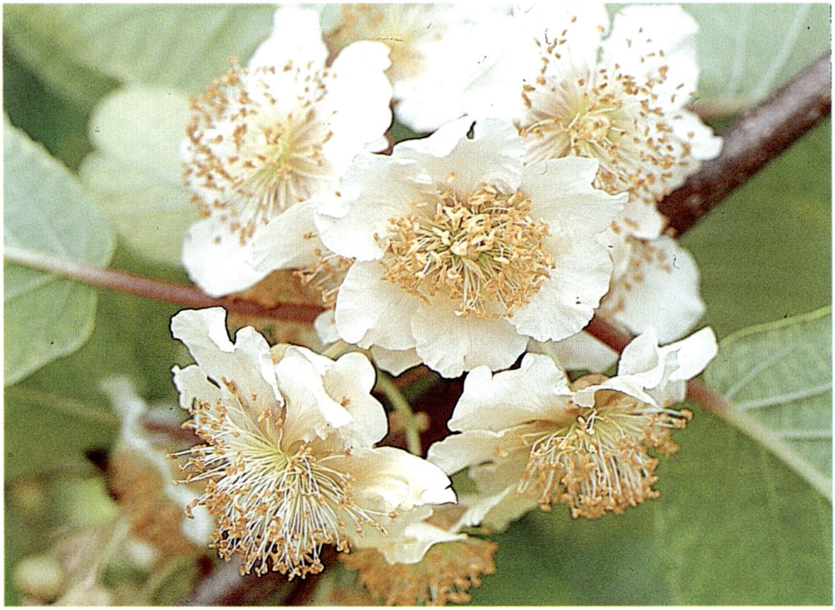

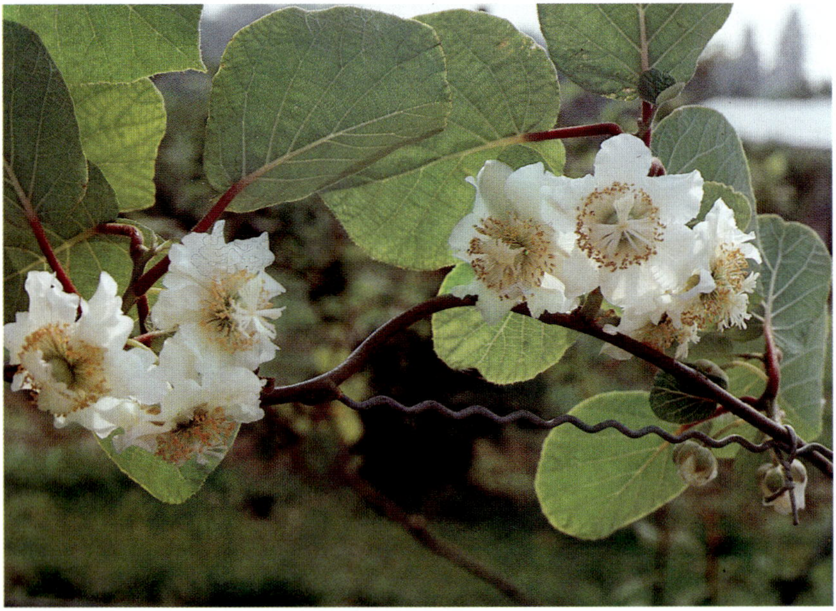

Links oben: Männliche Blüten besitzen nur Staubgefäße oder einen verkümmerten

Ansatz eines Griffels. Die vertrockneten Blüten bleiben oft bis zum Winter hängen.

Links unten: Bei den weiblichen Blüten stehen zahlreiche Griffel und Narben strahlen-

förmig angeordnet. Der Strahlenkranzgriffel gab den Kiwis ihren botanischen Namen.

Wer Pflanzmaterial ohne eine entsprechende Kennzeichnung erwirbt, muß bis zur Blüte am Standort warten. Bei Steckholz und Veredlungen dauert es 2 bis 3 Jahre, bei Sämlingsnachkommenschaften ist der Blühbeginn unbestimmt. Man muß oft bis zu 10 und mehr Jahren warten. Bis dahin ist die Kiwi nur eine Blattzierpflanze.

Wenn der Austrieb nicht erfroren ist, beginnen Mitte bis Ende Mai an der Basis der einjährigen Seitentriebe die Knospen zu schwellen, anfangs entwickeln sich die Blüten sehr langsam. Das sogenannte Ballonstadium kann bis zu 3 oder 4 Wochen dauern. Bei kühler Witterung im April-Mai kann sich die Entfaltung der Blüten noch weiter verzögern. An der Triebbasis entwickeln die weiblichen Pflanzen bis zu 10 Blüten. Die Sortenabhängigkeit ist auch hier gegeben. Am wenigsten Blüten bringt die Sorte 'Hayward' mit bis zu 5 Blüten an einem Trieb hervor, gefolgt von 'Monty' und 'Abbott'. 'Bruno' hatte bis zu 15 Blüten angesetzt. Je mehr Früchte an einem Trieb ausgebildet werden, um so geringer ist später die Fruchtgröße.

Dagegen hängen bei männlichen Pflanzen ganze Blütenbüschel am Trieb, 15 bis 20 Einzelblüten und mehr sind keine Seltenheit.

Blütengröße und Blütenfarbe

Weibliche Blüten haben 5 bis 6 cm im Durchmesser. In der Aufblühphase erscheinen sie reinweiß und nach 3 bis 4 Tagen cremegelb. Die Blätter der weiblichen Blüten haben einen mehr glatten Rand. Nach 8 bis 10 Tagen fangen die Blütenblätter an zu vertrocknen.

Die männlichen Blüten sind im Durchschnitt 4 cm groß, auch sie sind zunächst reinweiß und werden dann gelblich. Die Ränder der Blütenblätter sind bei ihnen etwas gewellt.

Morphologie der Kiwi-Blüte

Die Blüten bestehen aus 5 bis 6 Blüten- und Kelchblättern; sie gehen ineinander über, sind aber nicht zusammengewachsen. Innerhalb der weißen Blütenblätter findet man bei den männlichen Blüten nur Staubgefäße. Es kommt auch vor, daß in der Mitte ein verkümmerter oder mißgestalteter Ansatz eines Griffels vorhanden ist. Bis jetzt erfolgte an den zwittrig erscheinenden männlichen Blüten noch kein Fruchtansatz. Männliche Blüten hängen an den Trieben sehr lange fest. Die vertrockneten Blüten bleiben oft bis zum Winter hängen. Wenn sie dann abfallen, sind die dünnen, trockenen, ein- oder mehrfachen Blütenstiele ein gutes Kennzeichen für den Winterschnitt, um die männliche Pflanze schnell von der weiblichen zu unterscheiden.

Weibliche Blüten haben auf dem vollentwickelten oberständigen Fruchtknoten 20 bis 30 strahlenförmig angeordnete, auseinandergehende Griffel und Narben. Dieser schöne Strahlenkranzgriffel gab den Kiwis auch den Namen »Strahlkranzgriffelgewächs«. Der botanische Name ist vom griechischen aktis = Strahl abgeleitet. Beim Durchschneiden der reifen Frucht kann man den Stern des Griffels um die Fruchtachse an den ebenso angeordneten Lamellen erkennen. Um den Strahlenkranzgriffel sind kreisförmig Pollen an-

Bei der Blüte rechts im Bild beginnt die Frucht bereits zu schwellen. Links im Bild sind männliche Blüten mit verkümmertem Fruchtknoten zu erkennen.

geordnet. Ob sie zur Selbstbefruchtung tauglich sind, konnte noch nicht eindeutig nachgewiesen werden.

Befruchtung

Die Befruchtung erfolgt in der Hauptsache durch Wildhummeln, die man im Juni bei Kiwis besonders zahlreich antreffen kann. Wegen der geringen Nektarergiebigkeit sind die Blüten für Bienen weniger attraktiv. Außerdem hat der Pollen um die Narbe eine sehr feine Beschaffenheit, so daß das Sammeln des Pollens für die Bienen mit großen Schwierigkeiten verbunden ist. Trotzdem wird im Kiwi-Bestand das Aufstellen von Bienenvölkern empfohlen.

Gelegentlich suchen andere Insekten der verschiedensten Arten und Gattungen die Blüte auf; sie haben jedoch keine so große Bedeutung. Eine gewisse Windbefruchtung kann angenommen werden.

Bei den männlichen Blüten wird der Pollen kurz nach dem Aufblühen (2 bis 3 Tage) von Insekten übertragen, danach kann er vom Wind weiter verbreitet werden, weil die Pollenkörner trockener sind und stärker stauben. Somit gibt es zwei Befruchtungsmöglichkeiten bei der Kiwi.

Wichtig ist natürlich die gleichzeitige Blühzeit der männlichen und weiblichen Pflanzen, um die Befruchtung zu sichern. Bis zu 90 % befruchteter Blüten sind für einen guten Ertrag notwendig. Der Größenunterschied von gut und schlecht bestäubten Blüten kann sehr variabel sein. Eine ungenügende Bestäubung erkennt man an der geringeren Anzahl und schlechteren Ausbildung von Samenkörnern. Die Früchte bleiben klein und können verkrüppeln.

Einige männliche Pflanzen haben eine folgernde Blühzeit. Sie kann bis zu 4 Wochen dauern und die Pollenübertragung bei unterschiedlich blühenden weiblichen Sorten sichern. Wenn die männlichen Pflanzen nur eine kurze Blühdauer haben, sind sie für die Befruchtung nicht so gut geeignet.

An der Blüte lassen sich Kiwis mit Sicherheit unterscheiden. Wer nur wenige Pflanzen hat und gleichgestaltete Blüten bemerkt, nur männliche oder nur weibliche, sollte möglichst bald den entsprechenden Austausch der Pflanzen vornehmen, um nicht noch länger auf den Fruchtertrag warten zu müssen.

Falls nur die männliche Pflanze fehlt, kann vielleicht ein anderer Kiwi-Besitzer mit Blüten aushelfen, um die Befruchtung zu sichern:

30 bis 40 Tage dauert das Ballonstadium, bis die Blüte Mitte Juni aufblüht. Staubbeutel, Staubfäden und Pollenkörner werden in dieser Zeit ausgebildet.

Unmittelbar vor ihrer vollen Entfaltung werden die großen Blüten abgepflückt und 1 bis 2 Tage aufgehoben, damit die Pollenkörner richtig stäuben. Die Griffelnarbe wird mit den Pollenkörnern 1 bis 2 Sekunden lang betupft. Jede männliche Blüte kann bei Handbestäubung für etwa 5 weibliche Blüten verwendet werden.

Für eine Ersatzbestäubung auf kommerzieller Ebene werden viele männliche Blüten gesammelt, aus denen die Pollen extrahiert werden. Man bringt sie auf die offene weibliche Blüte auf. Vielleicht ließe sich dadurch die Anzahl männlicher Pflanzen in einer größeren Anlage weiter reduzieren und somit Platz für die Produktion gewinnen.

Bei Pflanzen aus Steckholz erscheinen die ersten Blüten nach dem 2. bis 3. Standjahr, unter schlechteren Standortbedingungen erst nach 4 Jahren.

Entwicklung der Blütenknospe

Es wurde bereits erwähnt, daß die Blütenentwicklung etwa 2 Monate dauert. Wer seine Kiwi-Pflanzen im Frühjahr genau beobachtet, muß lange auf die sichtbare Blütenentwicklung in den Achseln der Blätter warten. Wenn im Mai die ersten sehr kleinen Blütenansätze herauskommen, hat im Verborgenen bereits seit längerer Zeit die Entwicklung begonnen.

Geht man von der schlafenden Knospe in Winterruhe aus, so sind zunächst die undifferenzierten Blütenanlagen vorhanden. Sie lassen sich in ihren einzelnen Entwicklungsstadien noch nicht unterscheiden. Ohne daß man das weitere Wachstum von außen beobachten kann, vollzieht sich die Schwellung der Knospen. Es beginnen sich die Blütenanlagen zu bilden. Diese Vorgänge laufen schon 10 bis 12 Tage vor dem Platzen oder Zerspringen der Knospen ab. Anschließend kann das Anlegen der Blütenblätter als Basis für den ersten Blütentermin gewertet werden. Ab diesem Zeitpunkt werden nach 5 bis 10 Tagen die Staubgefäße angelegt. Erst nach diesem Zeitpunkt beginnt bis zum ersten Sichtbarwerden der Blütenanlagen in 20 bis 30 Tagen die Anlage der weiblichen Organe in der Blüte. Das bedeutet, daß im April bis Mai die Entwicklung der Blüte unsichtbar fortgeschritten ist, bevor sie erkennbar wurde.

Anfang bis Mitte Juni blühen die Kiwis langsam auf. Das sogenannte »Ballonstadium« dauert sehr lange. Die

Blüte ist nach 30 bis 40 Tagen sichtbar entwickelt. Staubbeutel und Staubfäden sowie die Pollenkörner werden in dieser Zeit ausgebildet. Bis zu diesem Termin ist die Knospe noch fest verschlossen. Je nach Sorte wird jetzt der Fruchtknoten gebildet; die Entstehung variiert um einige Tage. Bis dahin vergehen 40 bis 50 Tage seit dem Anlegen der Blütenblätter. Von der geschlossenen Knospe über die Öffnung des Kelches bis zum Sichtbarwerden der Blütenblätter dauert es nochmal einige Tage. Nach Vollendung der ganzen Entwicklung zeigen sich 60 bis 70 Tage nach Einleitung der Knospenbildung endlich die so lang ersehnten Blüten.

Die Kiwi-Blüten sind in den basalen Blattachseln der Fruchttriebe zu finden. Im Gegensatz zu den anderen fruchttragenden Obstgehölzen beginnen die Kiwi-Blüten erst nach der Winterruhe mit ihrer Entwicklung.

Wichtig ist noch zu erwähnen, daß hauptsächlich die primären Austriebe blühwillig sind. Wenn diese Triebe durch Frost vernichtet werden, ist es fast immer mit der Blüte vorbei, denn die zweiten Austriebe zeigen keine entsprechende Blühwilligkeit mehr. Wenn sie doch noch einige Blüten angesetzt haben, ist bereits zu viel Zeit vergangen, um noch eine gut ausgebildete Kiwi-Frucht bis zum Herbst auszubilden. Die

Entwicklungszeit von der Blüte bis zur Ernte ist dann zu kurz.

Entwicklung der Kiwi-Frucht

Nach einer erfolgreichen Befruchtung kann man bereits nach wenigen Tagen unter der strahlenförmigen Narbe das Heranwachsen der Kiwi-Frucht beobachten. Sofort nach der Befruchtung wird die Zellteilung eingeleitet und das Fruchtwachstum beginnt. Mit dem Dikkerwerden der Frucht verwelken die schönen Blütenblätter mit den Kelchblättern und Pollenansätzen. Sie sind bis zur Ernte oberhalb des Stielansatzes als vertrocknete Rudimente zu sehen. Ebenso findet man die vertrockneten Narbenreste gegenüber dem Stiel auf der anderen Fruchtseite. Sie bleiben bis zur Ernte und auch auf dem Lager an der Frucht hängen, wenn sie kein mechanischer Einfluß zum Abfallen bringt. Da nur das Innere der Kiwis gegessen wird, stören die vertrockneten Blütenteile nicht weiter.

Die Zellteilung dauert etwa einen Monat, danach gibt es zwei Perioden der Zellstreckung und Zellvergrößerung, die durch eine kurze Phase von geringerer Wuchsintensität geprägt ist. Die physiologische Fruchtreife ist nach 5 bis 6 Monaten im Oktober bis November beendet.

Kiwi-Früchte gehören zum klimakterischen Fruchttyp, deshalb ist eine Ernte möglich, wenn die Früchte noch sehr fest sind. Eine Nachreife erfolgt auf dem Lager bis zur vollendeten Genußreife. Sie kann zeitlich durch unterschiedliche Temperaturen gesteuert werden.

Nur bei einer guten und vollständigen Bestäubung wächst die Kiwi-Frucht normal heran. Ist die Befruchtung unvollständig, z. B. bei Witterungseinflüssen während der Blüte durch Regen oder Kälte, so muß man mit einer größeren Anzahl von unterentwickelten Früchten rechnen. Sie können zu klein ausfallen oder auch mißgestaltet sein, je nachdem, wo sich der Pollen auf der Griffelnarbe festgesetzt hatte. In Gewächs- oder Folienhäusern gibt es viel mehr unterentwickelte oder verkrüppelte Früchte, die auf eine mangelhafte Befruchtung zurückzuführen sind.

Fruchtfall

Bei der Kiwi kennt man kaum einen Fruchtfall. Gesunde Pflanzen werfen keine Früchte vorzeitig ab. Nur durch mechanische Einflüsse können Früchte abgerissen werden oder bei Krankheitsbefall herunterfallen. Auch bei den ersten Herbstfrösten hängen die Früchte fest am Trieb und fallen nicht ab. Es kommt allerdings vor, daß durch Frosteinwirkung die Blätter vor der Ernte abfallen. Wenn die Blätter ihre Funktion als Ernährer nicht mehr erfüllen, hört das Wachstum der Früchte auf. Bei der Ernte vergessene Kiwi-Früchte fallen auch während des Winters nicht ab. Bis zum Frühjahr verlieren sie das Fruchtwasser, sie schrumpfen zusammen und sind ungenießbar.

Triebentwicklung

Ebenfalls bei der Triebentwicklung gibt es unsichtbare Stadien. Differenzierungsvorgänge von Trieb und Knospe bleiben zunächst verborgen. Trotzdem bereitet die Pflanze einige Zeit vorher alles vor, um später bei zusagenden Außenbedingungen möglichst schnell auszutreiben. Bis zum Sichtbarwerden der Wachstumsvorgänge sind bereits alle speziellen Organe voll ausgebildet – bis auf das Längen- und Dickenwachstum.

Auf das Entwicklungsstadium der Zellteilung folgt die Zellstreckungsperiode und das Auffüllen der Zellen mit Zellsaft, das letztlich über die Größe eines Organs entscheidet. Es ist mit von äußeren Einflüssen abhängig, wie z. B. vom Wasser, der Temperatur und dem Licht. Die Merkmalsausprägungen des Wachstums werden natürlich auch von der genetischen Konstitution bestimmt und von vornherein festgelegt.

Nach der eigentlichen Winterruhe werden die Blatt- und Triebknospen dicker, sie schwellen an und bilden wulstartige Höcker. Kurz vor Knospenaufbruch sind bereits die Wollhaare der Blätter gut entwickelt. Beim Öffnen der Knospen werden sie besser sichtbar. Dann folgt das Stadium des Knospenaufbruchs. Nach wenigen Tagen werden die kleinen gefalteten Blättchen erkennbar, bevor es zur eigentlichen Blattentfaltung kommt. Nach 15 bis 20 Tagen sind die Blätter vorhanden, und man kann gleichzeitig die Anlagen der Blütenknospen in den Basisblattachseln erkennen.

Auf günstigen Standorten kann eine Ranke nach dem Austrieb in kürzester Zeit 20 cm erreicht haben. Das Wachstum geht im März bis April verhältnismäßig schnell voran. Es entwickeln sich nicht alle Triebe mit gleicher Wachstumsintensität weiter, einige bleiben zurück, andere Sprosse wachsen zügiger. Während des Sommers kann man durch geeignete Maßnahmen wie Schnitt (Pinzierung) neue Sproßknospen zum Wachstum bringen. Die Entwicklung der einzelnen Triebe kann im Laufe der Vegetationszeit beträchtlich sein, sie erreichen durchaus eine Länge von 5 bis 8 m und mehr.

Der Neuaustrieb ist sehr weich und empfindlich. Falls ein Trieb verletzt oder vernichtet wird, kann ein neuer Austrieb aus dem noch ruhenden Knospenpotential erfolgen. Deshalb ist nach einem zerstörenden Frost die Triebbildung zwar unterbrochen, aber die Kiwi-Pflanze kann wieder regenerieren. Weniger günstig ist es für die Blüte, weil die nachfolgenden Triebe fast ausschließlich Blätter bilden und nur in sehr geringem Maße Blütenknospen besitzen.

Ein Austrieb kann in den einzelnen Jahren ganz unterschiedlich stark erfolgen. Der Standort und das örtliche Klima sind die entscheidenden Faktoren für das Wachstum der Kiwi. Bei einzelnen Pflanzen und Sorten gibt es erhebliche Austriebsunterschiede. Am meisten werden die Austriebsverschiebungen bei Sämlingen erkennbar. Während bei einem Sämling bereits die Blattentfaltung begonnen hat, kann die unmittelbar daneben stehende Pflanze noch in scheinbar völligem Ruhezustand sein, zumindest ohne erkennbare Austriebswilligkeit. Dazwischen gibt es alle Stadien der Triebentwicklung.

Ansprüche an den Standort

Boden

Für die Kiwi ist ein humusreicher, mittelschwerer und tiefgründiger Boden ideal. Sandiger Lehm oder lehmiger Sand bieten die Voraussetzung für einen erfolgreichen Anbau. Der Boden muß gut durchlüftet sein.

Reine Sandböden sind ungeeignet, der hohe Wasseranspruch der Kiwis kann dort nicht erfüllt werden. Ebenso sind tonhaltige Böden, die zu einer starken Verschlämmung oder Verhärtung neigen, für Kiwis nicht brauchbar. Undurchlässige, feste Schichten dicht unter der Erdoberfläche sind gefährlich, weil sie nach stärkeren Regenfällen den Wasserabfluß verhindern. Kiwis dürfen keine Staunässe vorfinden, die Wurzeln würden bald zu faulen beginnen. Deshalb ist in stark wasserführenden Böden eine Dränage zwingend erforderlich. Sie muß vor der Pflanzung schon funktionsfähig sein. Eine spätere Verlegung ist bei einer so langlebigen Kultur nicht nur schwierig, sondern schädigt die Wurzeln. Übermäßige und stagnierende Nässe kann auch zu einem Kümmerwuchs der ganzen Pflanze führen. Optimal ist während der gesamten Vegetationsperiode eine gleichmäßige Durchfeuchtung des Bodens. Kiwis wollen keine nassen Füße haben.

Eine gute Durchwurzelung des Bodens, ein kräftiges Wachstum und damit verbundene hohe Erträge sind nur erreichbar, wenn ein poröser lockerer, humushaltiger und gut mit Luft ausgeglichener Bodenraum zur Verfügung steht.

Nicht nur die Struktur der Bodenoberfläche ist maßgebend für einen guten Erfolg der Kiwi-Kultur, es muß auch auf die Beschaffenheit des Untergrundes geachtet werden. Er darf nicht verdichtet sein, sondern soll in etwa ähnliche Eigenschaften haben wie die Krume.

Natürlich läßt sich der Boden im Laufe der Zeit durch geeignete Kulturmaßnahmen verbessern. Bei Kiwis muß dieser Prozeß schon weiter fortgeschritten sein, damit bereits die jungen Pflanzen zügig an- und weiterwachsen können.

Humus

Es ist allgemein bekannt, welche große Bedeutung der Humus für die Bodenfruchtbarkeit mit seinen biologischen, chemischen und physikalischen Eigenschaften besitzt. Je höher der Gehalt an Humusstoffen, desto besser ist die Struktur des Bodens. Es soll deshalb alles getan werden, um den Anteil der Huminstoffe nicht nur zu erhalten, sondern ihn im Laufe der Kulturzeit noch zu erhöhen. Vor allem ist der Humusgehalt auf vorwiegend sandigen und von der Natur aus ärmeren Böden von größter Wichtigkeit.

Ein Boden mit hohem Humusgehalt wird unter die tätigen Böden eingereiht. Er hat den großen Vorteil, daß er wesentlich wärmer ist als ein untätiger, kalter Boden. Nur ein aktiver Boden eignet sich für den Kiwi-Anbau, deshalb muß vor der Pflanzung der Standort sehr sorgfältig ausgewählt und der Boden untersucht werden.

Jede organische Substanz im Boden trägt zur Pufferung des Wasser- und Nährstoffhaushaltes bei. Die Kiwi-Wurzel kann bei einer guten Bodenstruktur und Pufferung die ihr am notwendigsten erscheinenden Nährstoffe auswählen, um ein optimales Pflanzenwachstum zu erzielen.

Bodenreaktion

Für Kiwis bildet ein im sauren Bereich liegender Boden die Voraussetzung für einen erfolgreichen Anbau. Sie gelten als kalkfeindlich und Bodensäure-liebend. Der pH-Wert drückt den Reaktionszustand des Bodens aus. pH 7 bedeutet den neutralen Punkt. Alle Werte, die darunter liegen, bezeichnen saure Verhältnisse, darüberliegende Angaben beziehen sich auf den alkalischen Bereich. Kiwis gedeihen am besten im sauren pH-Bereich von 4,5 bis 5,5. Bei der Anpflanzung muß der pH-Wert auf jeden Fall bekannt sein. Er nützt jedoch nicht viel, wenn alle anderen Faktoren wie Feuchtigkeit, Luft, Humus und Nährstoffe außer acht gelassen werden. Ein zu hoher pH-Wert (über 7) führt bei Kiwis zu Schädigungen, die nur mit einem hohen Kostenaufwand einigermaßen ausgeglichen werden könnten (siehe Düngung, Seite 57 ff.).

Liegt der pH-Wert unter 4,5, so kann man mit einer Aufkalkung den Boden verbessern und den pH-Bereich erhöhen. Es eignen sich kohlensaure Kalke oder andere magnesiumhaltige Kalke, die einige Zeit vor der Pflanzung gründlich eingearbeitet werden müssen. In der Praxis ist die Notwendigkeit einer Aufkalkung genausooft anzutreffen wie der umgekehrte Fall.

Das Ansäuern des Bodens ist viel schwieriger. Man kann es mit saurem Torf oder Schwefel versuchen. Andere Stoffe wie Aluminiumsulfat, zersetztes Eichenlaub, verrottetes Holz, Sägespäne sind mehr oder weniger geeignete Mittel, um eine Absenkung des pH-Wertes zu erreichen.

Alle Maßnahmen zur Änderung des pH-Wertes im Bereich des Neutralpunktes müssen auf ihre Wirksamkeit noch vor der Pflanzung kontrolliert werden.

Torf

Torfgaben stellen eine Möglichkeit zur Verbesserung des Bodens dar. Die Struktur des Torfes ist so beschaffen, daß einerseits schwer zersetzliche Pflanzenstoffe vorhanden sind, und er andererseits für die schnelle Humifizierung auch leichter zersetzbare Pflanzenteile enthält. So werden sowohl die Wasser- als auch die Luftzufuhr verbessert und die chemischen und physikalischen Vorgänge im Boden beeinflußt.

Leichtere Böden können durch höhere Torfgaben ihre Wasserkapazität wesentlich verbessern, was beim Kiwi-Anbau beachtet werden muß. Zu schwere Böden werden mit Torf besser durchlüftet, und die Erwärmung des Bodens wird gefördert. Man wirkt damit auch der Bodenerosion erfolgreich entgegen. Wichtig ist die Gewährung des Luftaustausches durch das höhere Porenvolumen.

Bei Kiwis ist in den ersten Standjahren die Bedeckung des Bodens mit organischer Substanz notwendig. Dazu kann unter anderem auch Torf rund um die Kiwi-Pflanzen ausgebreitet werden. Die Bewurzelung wird unter der warmen, wasserhaltenden Decke stark gefördert und dadurch das Anwachsergebnis erhöht. Auch für die Anzucht bildet Torf ein unverzichtbares Substrat, sofern nicht ganz steriles Substrat mit Nährlösungen benutzt wird.

Im Freiland ist es für die Kiwi unwesentlich, welches Torfsubstrat verwendet wird. Auszuschließen sind jedoch bei einem hohen pH-Wert des Bodens Torfe mit Kalkzusätzen. Zur Bodenverbesserung haben sich 2 bis 4 Ballen normaler Torf ohne Düngemittelzusätze für je 100 m^2 bewährt. Allgemein mehr Beachtung sollte man auf stärker zersetzte Produkte legen.

In den Folgejahren kann man mit 1 bis 2 Ballen Torf je 100 m^2 auskommen. Eine Düngung ist mit der Torfausbringung nicht weiter verbunden. Sie muß nach den Bedürfnissen der Kiwi-Pflanze gesondert verabreicht werden. Die genannten Torfgaben sind Mittelwerte, sie werden nach dem vorhandenen Standort variiert, damit der Humusgehalt ein bestimmtes Niveau erreicht und sich auch später halten läßt. Der durchschnittliche Humusgehalt liegt für Kiwi am günstigsten bei 2 bis 5%. In leichteren Bodenarten liegt er niedriger als in mittelschweren.

Lage

Für einen erfolgreichen Kiwi-Anbau im Freiland eignen sich am besten leicht geneigte Südhänge in windgeschützter Lage. Dort ist die Sonneneinstrahlung am günstigsten, wenn die Spaliere in Nord-Süd-Richtung stehen. Die Besonnung trifft am Vormittag die Ostseite der Spaliere und am Nachmittag die Westseite. In der heißesten Zeit zu Mittag

werden die Zwischenräume der Spaliere belichtet und erwärmt, ohne daß die Sonne direkt auf die Früchte trifft.

Ostlagen sind weniger günstig, weil die Wärme einer Südlage fehlt und die höheren Temperaturen in den Nachmittagsstunden nicht mehr genutzt werden können. Außerdem ist mit kalten Ostwinden zu rechnen und diese sind den Kiwis absolut unzuträglich.

Dagegen erscheinen Westlagen geeigneter, die Erwärmung ist günstiger. Noch idealer sind Süd-West-Lagen, wenn sie gegen Norden und Osten geschützt sind. In so einer Lage wird die Wärme am optimalsten genutzt.

Wegen der ungenügenden Ausreife der Kiwi-Früchte im Spätherbst scheiden Nordlagen in jedem Fall aus. Der Austrieb ist verspätet zu erwarten. Die anderen klimatischen Faktoren wie Besonnung und Wärme sind ganz unzureichend. Früchten, die in solchen Lagen gewachsen sind, fehlt der Zucker. Sie schmecken rübig und herb sauer. Danach wird auf dem Lager keine Geschmacksverbesserung mehr erzielt.

Wenn auch die örtliche Lage mit ihren Einflüssen sehr beachtlich sein kann, so darf man das Großklima eines Raumes mit seinem Witterungsverlauf nicht außer acht lassen.

Windschutz

Ein Windschutz ist bei Kiwis in offenen Lagen dringend erforderlich. Sowohl die Blätter als auch die Früchte sind außerordentlich windempfindlich. Die zarten jungen Triebe im Frühjahr, die für die Fruchterzeugung notwendig sind, brechen sehr leicht ab. Sie müssen auf jeden Fall geschont werden. Wenn die jungen Blätter schon etwas größer sind, kann ein Frühjahrssturm diese leicht zerschleißen und das bedeutet eine Verminderung der Assimilationstätigkeit für die kommende Zeit des Aufbaus.

Ein Windschutz ist auch für die Früchte notwendig, damit sie sich nicht aneinander reiben, wenn sie wachsen und heranreifen. Reibeflächen an den Kiwi-Früchten erkennt man an den dunklen harten Stellen auf der Schale. Im Handel sind sie nicht mehr absetzbar, weil sie unansehnlich werden. Windschaden ist vor allem bei den großen Früchten der Sorte 'Hayward' zu beobachten; sie scheint am empfindlichsten zu sein. Der Windschutz muß immer 2 bis 3 Jahre vor der Kiwi-Anpflanzung da sein, damit die jungen Pflanzen nicht gleich dem Wind ausgesetzt werden.

Windschutzpflanzen

Auf nassen Standorten können die schnell wachsenden Pappeln oder Weiden als Windschutz dienen. Man muß allerdings mit dem weit verzweigten Wurzelwerk als Wasserkonkurrenz rechnen. Besser ist die vorherige Anpflanzung von *Sorbus*-Arten wie Eberesche *(S. aucuparia)* oder Mehlbeere *(S. aria)*. Ebereschen sind genügsam, trockenresistent und ein sehr gutes Windgehölz mit schnellem Wachstum.

Man könnte im Verbund mit *Sorbus* noch *Crataegus* (Weißdorn) pflanzen. Einige Hartriegelgewächse *(Cornus)* eignen sich ebenfalls für eine Misch-

pflanzung. Außerdem sind die Rottanne *(Picea abies)* und die Hemlocktanne *(Tsuga)* brauchbar.

Auf gar keinen Fall dürfen Gehölze als Windschutz benutzt werden, die eine starke Wurzelschoßbildung haben wie Zitterpappeln, Robinien oder Weißerlen. Bäume oder Sträucher, die zur Selbstaussaat neigen, sind nicht brauchbar, denn damit wird der Windschutzstreifen mit der Zeit immer breiter und die Kiwis würden in ihrem Wachstum zu sehr eingeengt.

Deshalb sind Liguster *(Ligustrum)* oder Hainbuchen *(Carpinus betulus)*, die zur Selbstaussaat neigen, ebenfalls nicht geeignet. Ebenso sollten Heckenkirschen *(Lonicera xylosteum, L. korolkowii)*, *Thuja*, Scheinzypresse *(Chamaecyparis)*, oder Wacholder *(Juniperus*-Arten) nicht als Windschutzpflanzung verwendet werden.

Bewässerung

In der Vegetationsperiode haben Kiwis einen sehr hohen Wasserbedarf, der kaum durch die normalen Niederschläge gedeckt werden kann. Wenn auch im Jahresdurchschnitt mehr als 1000 mm Regen fallen, so muß die monatliche Verteilung berücksichtigt werden. In den Wintermonaten von November bis Februar ist nur eine geringe Wassermenge notwendig; da reichen die natürlichen Regen- und Schneefälle aus. Demgegenüber sind während der Frühjahrs- und Sommermonate regelmäßige Wassergaben unerläßlich. Die großen Blätter benötigen in den Sommermonaten mehr als 1200 mm Wasser. Die Jahresmenge sollte mindestens 1500 mm betragen. Eine gute Verteilung der Wassermenge ist im Laufe des Jahres wichtig. Ab Oktober verringert sich der Wasserbedarf bei den Kiwi-Pflanzen wieder.

Bei zu wenig Wasserangebot kommt es in Extremfällen bei Kiwis zu Vertrocknungserscheinungen wie Welken der Blätter, Nekrosen, Blatt-, Blüten- und eventuell Fruchtfall. Der Neutrieb wird vermindert und fällt somit als Fruchtholz für das kommende Jahr aus. Vergreiste oder erneuerungsbedürftige Triebe können nicht in ausreichender Zahl durch Jungtriebe ersetzt werden. Wenn während der Fruchtreife von Juli bis September zu wenig Wasser zur Verfügung steht, vermindert sich naturgemäß die Fruchtgröße. Deshalb ist es wichtig, die Wasserzuführung bereits vor der Pflanzung zu klären.

Im Freiland wird das Wasser als Überkronenberegnung oder mittels Tröpfchenbewässerung gegeben.

Überkronenberegnung

Für den Spalieranbau eignen sich Hochregner. Sprühdüsen oder Langsamregner müssen so hoch angebracht werden, daß das Wasser über den Spalierreihen verregnet wird. Innerhalb der dichten Kiwi-Reihen erreichen niedrig liegende Regner nur die unmittelbar danebenstehenden Pflanzen. Wenn der Strahl zu scharf eingestellt ist, kann es Schäden geben.

Geeignet sind nur Schwachregner, die so angebracht sein müssen, daß sie sich gut überschneiden, um eine vollständige Flächenabdeckung zu erreichen. Überkronenregner haben den Vorteil, daß sie auch zur Frostschutzberegnung im Frühjahr und eventuell auch gegen Herbstfröste im November eingesetzt werden können. Der Frostschutz kann sich sowohl im Frühling wie im Herbst nur auf unbelaubte Kiwi-Pflanzen erstrecken und nicht auf den jungen Austrieb, der eigentlich viel stärker frostgefährdet ist. Der junge Austrieb ist viel zu zart und weich. Durch die entstehende Schwere der Vereisung brechen die empfindlichen Austriebe sicher bald ab.

Düngerverregnung. Dünger können mit einer Überkronenberegnung ausgebracht werden. Dafür müssen spezielle Vorrichtungen da sein. Im Sommer ist neben den eigentlichen Wassergaben noch ein gewisser Kühlungseffekt bei erhöhter Luftfeuchtigkeit zu erreichen. Er ist aber nur dann wirksam, wenn sehr hohe Temperaturen vorhanden sind und bei den Früchten die Gefahr des Sonnenbrandes besteht. In unseren Breitengraden (Deutschland) gibt es so hohe Temperaturen nur selten längere Zeit.

Durch ständige hohe Luftfeuchtigkeit zwischen den Kiwi-Reihen kann es zu einem erhöhten *Botrytis*-Befall kommen. Bei Überkronenberegnungen wird außerdem sehr viel Wasser verbraucht.

Tröpfchenbewässerung

Besser und leichter ist die Installation einer Tröpfchenbewässerung. Es gibt eine große Anzahl von Systemen. Ob man sich für Tropfvorrichtungen für jede einzelne Pflanze entscheidet oder ein Schlauchsystem mit vorgefertigten

Tropfern in bestimmten Abständen wählt, ist nicht so bedeutend. Wichtig ist nur eine kontinuierliche Wassergabe in den entscheidenden Tagen der Wasserknappheit im Boden.

Einfache Tropfschläuche haben Wasseraustrittsöffnungen in Form von Schlitzen oder eingesetzten Tropfern in Abständen von 30 cm bis zu 1 m. In Kiwi-Anlagen empfielt es sich, einen Schlauch mit kürzeren Tropfabständen zu wählen, damit eine gleichmäßige Befeuchtung des Bodens gewährleistet wird. Bei der Installation wird ein Druckmesser vorgeschaltet, um an allen Tropfstellen eine konstante Wassermenge zu erreichen. Je nach Wasserqualität kann ein Filter sehr sinnvoll sein, damit es nicht zu Verstopfungen der kleinen Düsen kommt. Die Schlauchenden sind einfach umzuknicken oder mit speziellen Stopfern zu verschließen. Man kann mit einem Handgriff das Wasser durchlaufen las-

sen, falls sich eine Verschlämmung anzeigt. Einzeltropfer für jede Pflanze können mit leichtem Daumendruck durchgespült werden, um sie funktionsfähig zu halten.

Jeder einzelne Tropfer sollte so angebracht werden, daß das Wasser nicht direkt an den Kiwi-Stamm kommt. Eine zu lange Befeuchtung führt zu Pilzinfektionen der Stämme oder Triebe.

Vor der Inbetriebnahme wird jede einzelne Tropfstelle daraufhin überprüft, welche Wassermenge in welcher Zeiteinheit durchfließt. Sinnvoll ist es, die Tropfschläuche in der Kiwi-Anlage an einem Draht in etwa 30 cm Höhe zu befestigen. Er wird besser geschont und behindert keine Pflegearbeiten. Bei der besseren Durchfeuchtung des Bodens ist mit einem stärkeren Unkrautwachstum zu rechnen.

Eine Tröpfchenbewässerung hat gegenüber der Überkronenberegnung mehrere Vorteile. Die Pflanzen selbst

**Bei der Tröpfchen-
bewässerung sollte
das Tropfwasser
nicht direkt an den
Stamm tropfen. Es**

**könnte zu Pilzin-
fektionen kommen.
Der Tropfschlauch
ist in etwa 30 cm
Höhe an einem**

**Draht befestigt.
Das schont das
Material und stört
nicht bei den
Pflegearbeiten.**

bleiben immer trocken, nur der Boden
wird in der Wurzelzone gut durchfeuch-
tet. Die Kosten für eine Investition sind
viel geringer als bei einer Überkronenberegnung. Die Schläuche sind leicht
auf- und abbaubar. Eventuell undichte
Stellen können mit einfachen Steckver-
bindungen schnell beseitigt werden. Bei
einem geringen Wasserverbrauch erfolgt hier eine gezielte Bewässerung. Eine Einspeisung von Düngemitteln ist
mit Zusatzgeräten durchaus möglich.

Wer keine stationäre Zuführungslei-
tung in den Boden verlegen möchte,
kann auch bei geringerem Wasserbedarf für nur wenige Pflanzen eine andere Wasserquelle benutzen, wie z. B. ein
Wasserfaß oder ein Wasserbecken mit
Gefälle.

Bei einer Tröpfchenbewässerung ist
eine Frostschutzberegnung und eine zusätzliche Kühlung der Anlage mit Erhöhung der Luftfeuchtigkeit nicht möglich.

Die Wassergaben sollten bei Kiwis so
verabreicht werden, daß nicht ständig
Wasser fließt, besser werden zweimal in
der Woche jeweils 8 Stunden lang insgesamt 25 bis 30 mm Wasser gegeben.
Dies gilt aber nur bei anhaltender Trok-
kenheit. Wenn Niederschläge fallen,
muß die Zusatzbewässerung entsprechend verringert werden. Dies ist je
nach Bodenart sehr verschieden. Die
Wassermenge ist auf die einzelnen
Wachstumsmonate zu verteilen, je nach
Wasserkapazität des Bodens. Als Hilfs-
mittel sollte ein Regenmesser vorhanden sein.

Bei nur wenigen Pflanzen kann ein
Schwenkregner eine gute Wasserversorgung gewährleisten. Er kann mit
ganz einfachen Stecksystemen an jeden
Wasserhahn angeschlossen werden. Eine Einspeisung von Düngerlösungen ist
hier jedoch nicht möglich. Für eine Bewässerung ist reines Quellwasser optimal.

Sehr dekorativ können Kiwi-Pflanzen als Wandbegrünung wirken. Diese Pflanze, seit einiger Zeit nicht geschnitten, wirkt besonders üppig und wild wachsend.

Bodenvorbereitung – Bodenpflege

Vor der Pflanzung

Die Bodenpflege sollte für die langlebige Kiwi-Kultur bereits 2 Jahre vorher beginnen. Eine gründliche Bodenvorbereitung ist wichtig, um gesunde und wüchsige Kiwi-Pflanzen zu erhalten. Den vorbereitenden Arbeiten ist größte Aufmerksamkeit zu schenken. Grundlegende Fehler können später nicht mehr beseitigt werden, sie haben weitreichende Folgen. Die Maßnahmen der Bodenbearbeitung richten sich nach der Vorkultur.

Man sollte immer zuerst die ganze Fläche bearbeiten und hierbei sehr

Arbeitskalender für die Kiwikultur

Monate	J	F	M	A	M	J	J	A	S	O	N	D

| Schnitt |
| Düngung |
| Schädlingsbekämpfung |
| Unkrautbekämpfung |
| Mulchen |
| Blüte |
| Ernte |
| Hauptsaison |

Winterschnitt	Dezember bis Februar
Sommerschnitt	Juni bis August
Düngung	Frühjahr, Sommer
Schädlingsbekämpfung	nach Bedarf
Unkrautbekämpfung	in der Pflanzreihe Frühjahr bis Sommer
Mulchen	Graseinsaat ganze Vegetationsperiode
Blüte	Mai bis Juni, je nach Sorte und Standort
Ernte	Oktober bis November, je nach Sorte und Standort

sorgfältig vorgehen, denn in späteren Jahren, während der langen Kulturdauer, sind nur noch ergänzende Pflegemaßnahmen möglich.

Alle Arbeiten zielen auf die Erhaltung der Bodenstruktur sowie des Wasser- und Lufthaushaltes hin. Dies sind wichtige Voraussetzungen für das Gedeihen der Kiwi-Pflanzen.

Nicht nur die oberflächliche Bearbeitung wird angestrebt, sondern vor allem auch die Lockerung des Untergrundes. Im ungenügend bearbeiteten Boden ist der Garezustand und die physikalische Beschaffenheit wesentlich schlechter. Bleibt ein schwerer Boden mit feinkörniger Struktur und vielen tonigen Bestandteilen unbedeckt, so ist eine Verschlämmung oder Verkrustung nicht aufzuhalten. Das Regenwasser fließt oberflächlich ab und der kapillare Aufstieg der Feuchtigkeit aus den tieferen Schichten wird gefördert. Eine solche Bodenstruktur ist für Kiwis völlig ungeeignet, weil das Wasser für sie einen entscheidenden Wachstumsfaktor darstellt.

Eine Selbstbegrünung (Brache) ist vor der Pflanzung der Kiwis in jedem Fall abzulehnen. Der Boden wird zu spät und nur spärlich mit Grünpflanzen bedeckt. Eine zu starke Austrocknung des Oberbodens läßt sich nicht vermeiden. Der Boden verliert zuviel Wasser.

Graseinsaat

Wer Kiwis später zwischen Grasstreifen pflanzen will, kann die Graseinsaat bereits 1 Jahr vorher vornehmen. Zunächst wird eine ganzflächige Grasnarbe angelegt. Kurze Zeit vor der Pflan-

zung werden mindestens 1 m breite Pflanzstreifen ausgefräst. Dadurch schafft man schon vorher begehbare Mittelstreifen. Das Gras muß einige Male im Jahr gemäht werden. Der Grasschnitt bleibt als Mulchdecke liegen, um eine ständig wachsende Bodendecke zu gewährleisten.

Unkraut

Mit größter Sorgfalt beseitigt man bei den vorbereitenden Arbeiten die Dauerunkräuter. Disteln, Quecken oder Winden lassen sich in der späteren Kiwi-Kultur nicht mehr oder nur sehr schwer bekämpfen.

Torf

Wenn der Boden ungenügend mit organischer Substanz versorgt ist, empfehlen sich höhere Torfgaben bereits zur Vorkultur.

Pflege und Pflanzung

Wenn die Bodenpflege in der vorangegangenen Zeit gründlich durchgeführt wurde, sind zur Pflanzzeit nur noch wenige Arbeitsgänge notwendig. Einige Tage vor der Pflanzung wird die Fläche oder der frei gefräste Streifen noch einmal oberflächlich feinkrümelig durchgearbeitet, damit die ersten Kiwi-Wurzeln sofort Bodenschluß erhalten und zügig weiterwachsen können.

Unmittelbar zur Pflanzung wird nur ein kleineres Loch für die Wurzeln gegraben. Eine anschließende Trittstellenbeseitigung ist nach der Pflanzung angebracht.

Nach der Pflanzung

Einige Zeit nach der Pflanzung wird noch einmal die Oberfläche gelockert. Bei einer Herbstpflanzung sind in der Regel keine weiteren Maßnahmen mehr notwendig.

Wird eine Frühjahrspflanzung für Kiwis vorgezogen, erstrecken sich die Pflegearbeiten nicht nur auf die Bodenlockerung, sondern gleichzeitig auf die Beseitigung der Samenunkräuter.

Pflugsohlenverdichtungen

Sie sind immer im Zuge der vorbereitenden Maßnahmen zu beseitigen. Meist befinden sie sich in einer Tiefe von 30 bis 40 cm. Auch andere verdichtete partielle Bodenstellen sind zu durchbrechen. Wenn auch bei der Kiwi die Hauptwurzelzone zwischen 20 bis 40 cm liegt, so muß mindestens bis zu einer Tiefe von 50 cm der Boden kulturfähig sein.

Bedeckung mit Grünpflanzen

Um den Boden vor der Pflanzung mit Humus anzureichern, empfiehlt sich eine Grüneinsaat, die nur der späteren Kultur dienen soll. Kurz vor der Blüte der Einsaat werden die Pflanzen zerkleinert und eingearbeitet. Sie dienen der Bodenlockerung und der Verbesserung der Bodenstruktur für die später zu bepflanzende Fläche.

Je nach Bodenart und Niederschlagsmenge werden die Gründüngungspflanzen ausgewählt. So eignen sich auf leichten Böden Phazelia, Ölrettich, Sommerraps, Weißlupinen oder ein Gemenge aus Sonnenblumen-Sommerraps und Felderbsen für die Grüneinsaat. Auf mittleren Böden können außer den Aussaaten für die leichteren Böden noch Sommerwicken oder Inkarnatklee Verwendung finden. Auf schweren Böden lassen sich Stoppelrüben, Phazelia, Weißer Senf-Sommerwicken-Gemenge außer den bereits genannten einsetzen. Die Aussaatmengen richten sich nach der Boden- und Pflanzenart. Leguminosenbeimischungen sind immer vorteilhaft, ihre günstige Wirkung auf die Bodengare ist bekannt. Besonders gute Wirkung besitzen Ölrettich, Phazelia, Felderbsen oder Sommerwikken. Entscheidend für die Ausbildung einer guten Pflanzendecke ist die Dichte, Ausgeglichenheit und Beständigkeit der verbleibenden Pflanzenbedeckung.

Andere Vorkulturen

Wer eine Pflanzendecke nicht ausschließlich der späteren Dauerkultur zukommenlassen möchte, kann auch Gemüse oder Hackfrüchte vorschalten, um von der Fläche noch einen Nutzen zu haben. Die nicht benötigten Pflanzenreste sollten an Ort und Stelle bleiben und nicht erst auf den Kompost wandern, wo sie zunächst für den Boden verloren sind. Auf leichten Böden ist der Spargel eine ausgezeichnete Vorkultur für langlebige Gehölze, denn der Boden war dann jahrelang tief gelockert.

Für ein zügiges Wachstum der Vorkultur müssen genügend Wasser und Nährstoffe vorhanden sein.

Für ein stabiles
Gerüst muß man
schon vor der
Pflanzung sorgen.
Diese Pflanze der

Sorte 'Hayward'
wurde als Busch an
einem einfachen
Spalier erzogen.

Anbauformen

Spaliere

Das Spalier ist von vornherein so zu errichten, daß es auf Jahre hinaus seine Standfestigkeit nicht verliert. Bei guter Pflege können Kiwis 50 und mehr Jahre ertragsfähig bleiben. Ab dem 5. Standjahr, wenn sie in den Vollertrag kommen, werden sie mit dem Geäst und den Früchten sehr schwer. Um der Belastung standzuhalten, ist die Stabilität des Gerüstes eine Vorbedingung. Es soll möglichst vor der Pflanzung errichtet sein, damit man die Pflanzen für den beginnenden Aufbau entsprechend befestigen kann. Da sie sehr windempfind-lich sind, müssen sie gleich bei der Pflanzung einen Halt bekommen.

Stellung der Spaliere

Sehr wichtig ist bei allen Spalieren die Stellung in Nord-Süd-Richtung. Nur so ist der Lichteinfluß während der ganzen Vegetationsperiode garantiert. In der Mittagszeit mit der intensivsten Sonneneinstrahlung werden die Reihen zwischen den Spalieren erwärmt, ohne daß die Früchte der Sonne direkt ausgesetzt sind.

Stehen die Spaliere verkehrt in Ost-West-Richtung, kann das Spalier bald

Drei oder vier Drähte können für die Erziehung am Einfachspalier gespannt werden. Für die Verankerung der Pfähle dienen Schraubanker, Zementblöcke oder große Steine.

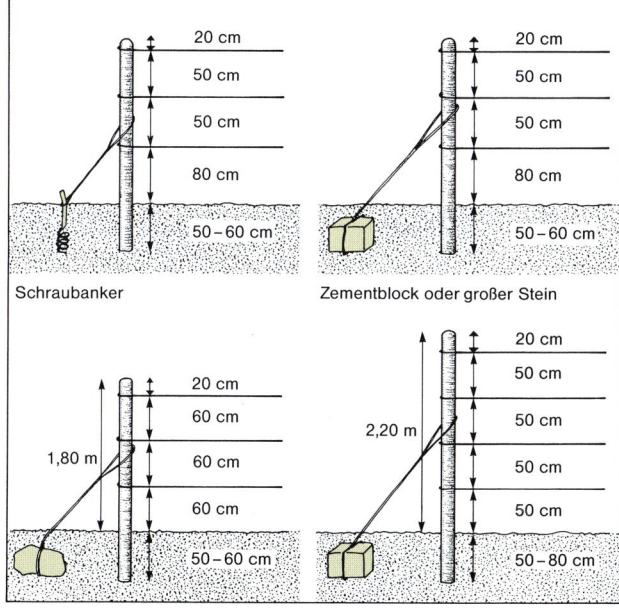

Schraubanker

Zementblock oder großer Stein

umkippen, weil alle Triebe dem Licht entgegenwachsen. So sind ungefähr 70 bis 80 % der Triebe an der Südseite zu finden und der Rest auf der Nordseite. Die Früchte hängen fast ausschließlich an der Südseite, wo in den ersten Jahren bei direkter Einstrahlung die Gefahr des Sonnenbrandes besteht. Er äußert sich in einer Verbräunung und Verhärtung der Fruchthaut. Die Abbildung auf Seite 45 oben zeigt diese Symptome.

Dieser Effekt kann sich auch an der Südseite von Gebäuden einstellen. Deshalb sollte man – wenn überhaupt – nur die Westseite einer Wand wählen. Als Alternative kann man ein Schattiergewebe zum Schutz vor zu intensiver Sonneneinstrahlung anbringen, so wie es in Erwerbsanlagen in südlichen Ländern ohnehin üblich ist. Das sind aber zusätzliche Kosten, die in Mitteleuropa nicht notwendig sind, wenn der Standort sorgfältig ausgewählt ist und der Lichteinfall berücksichtigt wird.

Pfähle

Nicht nur beim Anbau einer höheren Pflanzenanzahl, sondern bei jeder einzelnen Kiwi-Pflanze müssen die Pflöcke der Spaliere sehr stabil sein. Bewährt haben sich Zopfstärken ab 10 bis 12 cm. Kleinere Pfahldurchmesser sind wegen der geringeren Standfestigkeit nicht so günstig, sie sind anfangs nur billiger, machen später aber sehr große Schwierigkeiten bei einer zusätzlichen Abstützung. Es ist besser, an der Pfahlstärke nicht zu sparen, denn bei der Langlebigkeit der Kiwi-Kultur ist ein stabiles Gerüst letztlich billiger. Während der Kulturzeit gestaltet sich das Auswechseln eines Pfahles sehr schwierig.

Die Pfähle müssen 2,5 bis 2,7 m lang sein, weil sie mindestens 50 bis 70 cm tief in die Erde geschlagen werden (je nach Bodenart), um ganz fest zu sitzen. Zur leichteren Handhabung werden die Löcher vorgebohrt. Wer den Aushub

mit dem Spaten (per Hand) ausführt, sollte kein zu breites Loch graben. Der gewachsene Boden hält den Pfahl besser. Zusätzlich können die Pfähle mit größeren Steinen abgestützt werden. Bereits beim Kauf ist auf eine sorgfältige Holzimprägnierung zu achten.

Als eine weitere Möglichkeit bietet sich das Einzementieren von Eisen- oder Stahlträgern an. Sie müssen rostfrei sein. Nach einigen Jahren wird sich ein Nachbearbeiten der Pfähle sicher nicht vermeiden lassen. Man muß die Jahre vorher darauf achten, daß sie frei von Kiwi-Ästen bleiben, sonst gibt es später Schwierigkeiten mit deren Entfernung.

Pfahlbefestigung

Wenn die Pfähle fest eingerammt sind, muß eine zusätzliche Sicherung durch Schraubanker erfolgen. Ersatzweise kann ein größerer Stein oder Zementblock, der ähnlich dem Schraubanker in Zugrichtung außen etwa 50 cm eingegraben wird, verwendet werden. Mit einem umwickelten Draht vom Stein zum Endpflock erreicht man eine gute Befestigung.

Eine Stützstrebe an der Innenseite ist abzulehnen, weil mit der Zeit der Pfahl durch die Schwere des Geästes herausgezogen wird.

Draht

Nach der Befestigung der Pfähle werden in der Höhe von 60 cm bis 2 m 3 bis 4 Drähte gezogen. Bewährt hat sich ein 2 bis 2,5 mm doppelt verzinkter Draht, der auch gewellt sein kann. Mit Draht-

spannern wird der Draht sehr gut angezogen. An den Zwischenpfählen hält
der Draht am besten mit Krampen.

Nicht bewährt haben sich plastikum-
mantelte Drähte oder Drähte aus Voll-
kunststoff. Erstere sind zu sehr Verlet-
zungsgefahren ausgesetzt. Die Folge ist

ein zu schnelles Durchrosten. Kunst-
stoffdrähte mögen sehr haltbar sein,
aber sie werden bei den notwendigen
Schnittmaßnahmen sehr oft gleichzeitig mit einem Trieb erfaßt und durchge-
schnitten. Dies ist nie ganz auszuschließen. Ein erneutes Spannen gestaltet

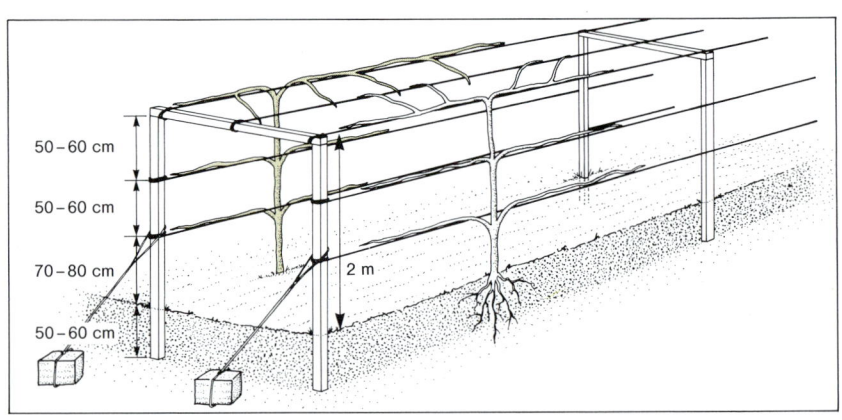

50–60 cm

50–60 cm

70–80 cm

50–60 cm

2 m

sich in dem Ästegewirr äußerst schwierig. Außerdem ist ein Plastikdraht viel zu weich und dehnbar, um das ganze Gewicht der Kiwi-Pflanze halten zu können. Somit scheidet ein Kunststoffvolldraht von vornherein für ein langjähriges Kiwi-Spalier aus.

Pergola

Kiwis können nicht nur an einem Drahtsystem befestigt, sondern auch als Pergola erzogen werden. Dazu muß das Spalier entsprechend aufgebaut und abgestützt sein.

Im Prinzip besteht eine Pergola aus zwei gegenüberliegenden einfachen Spalieren mit 2 bis 3 Drähten, die mit Querstreben und Drähten in 1,80 bis 2 m Höhe verbunden sind. Ein Laubengang soll nicht zu breit angelegt werden, weil sonst die Pflegemaßnahmen zu schwierig durchzuführen sind.

Es ist darauf zu achten, daß zwischen den Drähten genügend Platz für einen mehr lockeren Pflanzenaufbau bleibt, sonst kommt man nicht so schnell mit dem Formieren nach, weil sich die Ranken um alles Erfaßbare wickeln. Wenn die Pergola zu sehr überwuchert ist, läßt sich nach einigen Jahren kein vernünfti-

ger Schnitt zur Fruchtholzerneuerung
mehr durchführen.

Eine Pergola ist aufwendiger und teu-
rer in der Herstellung als ein Spalier. Sie
muß mindestens 40 bis 50 Jahre stabil
bleiben. In einer Pergola haben die
Früchte besseren Schutz vor Verletzungen durch Windstöße, da die Frucht-
zweige auf den Verbindungsdrähten liegen.

Im Vergleich dazu hat ein T-Spalier
einen hängenden Kiwi-Vorhang über
dem äußersten Draht, der im Wind
schwingen kann.

T- oder Jochspalier

Um den Kiwis etwas mehr Unterstüt-
zung zu geben, kann das Eindrahtspa-
lier erweitert werden zu einem T- oder
Jochspalier. An den Pfosten bringt man
in 1,80 bis 2 m Höhe stabile Querstangen an. Sie sollen die Seitenzweige ab-
stützen helfen. Dieses Spalier muß frei

stehen und durch den Schnitt muß man
versuchen, beide Seiten gleichmäßig
mit Ästen zu garnieren.

An den Querstreben werden 2 bis
3 Drähte gespannt, um eine feste Verbindung zu erhalten. An den Enden
müssen auch die Querstangen mit zusätzlichen Drähten im Boden verankert
werden. Dieses Gestell ist etwas aufwendiger zu errichten als die anderen.
Es gibt zwei Möglichkeiten der Draht-
befestigung. Entweder werden sie mit
einem starken Halteseil aufgehängt,
oder sie werden abgestützt. Wichtig ist
die gute Verankerung der Eckpfosten
nach außen, am besten mit einem Bo-
denanker, wie er im Obstbau gebräuch-
lich ist. Zwischenpfosten müssen in einem Abstand von 4 bis 5 m eingesetzt
werden, je nach Pflanzenabstand. Die
Kiwi-Pflanzen setzt man zwischen die
Pfähle. Man zieht sie mittels eines geraden Stabes (z. B. Bambus) auf die Höhe
des Mitteldrahtes möglichst gerade
hoch. Der Mitteldraht darf nicht tiefer

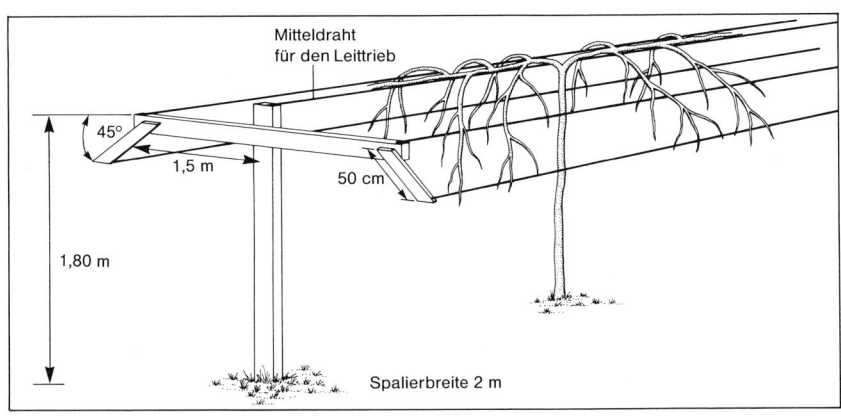

Mitteldraht
für den Leittrieb

45°

1,5 m

50 cm

1,80 m

Spalierbreite 2 m

Hängendes T-Spalier. Auch hier wird der Leittrieb am Mitteldraht entlang geführt. Häufig wird zusätzlich ein Draht oberhalb des Mitteldrahtes gezogen (links unten). An ihm wächst ein männlicher Bestäuberzweig entlang. Einfache stabile Zwischenträger sorgen innerhalb der Anlage für Halt.

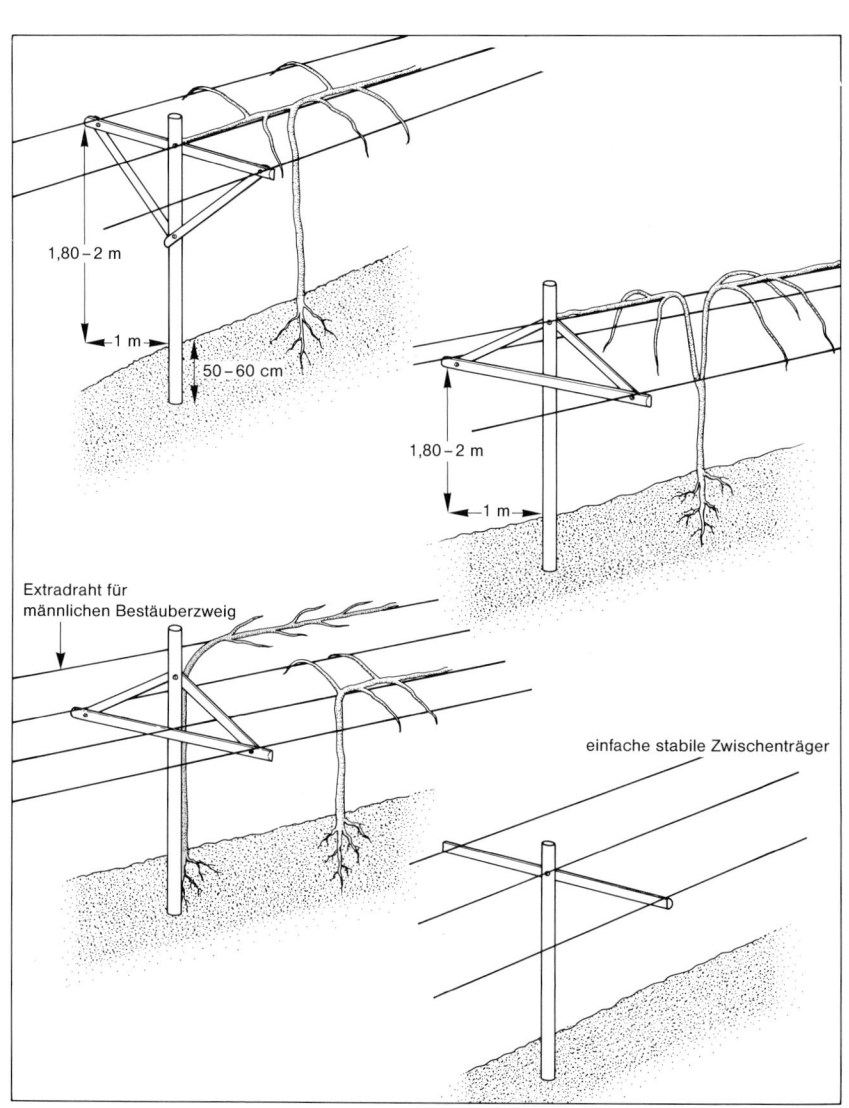

1,80 – 2 m

1 m

50 – 60 cm

1,80 – 2 m

1 m

Extradraht für männlichen Bestäuberzweig

einfache stabile Zwischenträger

49

liegen als die Seitendrähte. Das Jochspalier steht wie die einreihigen Befestigungen in Nord-Süd-Richtung. Bedenken wegen einer zu starken Sonneneinstrahlung erübrigen sich, weil die Früchte unter dem Laubdach hängen. Sie erhalten von oben Schatten durch die großen Blätter. In Neuseeland ist diese Spaliererziehung üblich.

Bei dem hängenden T-Spalier wird vielfach ein zusätzlicher Draht 30 bis 40 cm oberhalb des Mitteldrahtes gezogen. An ihm werden männliche Blütentriebe entlanggeführt. Der Blütenstaub fällt schon bei leichtem Wind auf die darunter hängenden weiblichen Blüten. Alle Spaliere müssen eine gute Stabilität

besitzen, um eine Traglast von 30 bis 40 kg je laufenden Meter abzustützen.

Geschützter Anbau

Anbau unter Glas

Wer ein Gewächshaus zur Verfügung hat, kann durchaus daran denken, darin Kiwis zu kultivieren, wenn es groß genug ist. Viele klimatischen Einflüsse können durch eine Überdachung ausgeschlossen werden. So wird es möglich, den Kiwi-Anbau in Gebiete zu bringen, wo im Freiland keine Aussichten für das Gedeihen der Kiwi-Pflanzen bestehen. Das zentrale Problem der nicht voraussehbaren Witterung wird hiermit ausgeschlossen. Wichtig ist die Steuerung der Temperatur. Mit einer nach Bedarf steuerbaren Heizung wird die Früh- und Spätfrostgefahr ausgeschaltet. Sie bildet schließlich das größte Problem im Freilandanbau.

Im Gewächshaus gibt es keine Schwierigkeiten mit dem Wasser, es ist immer vorhanden. Der Wasserverbrauch ist leicht dem Bedarf der Kiwi-Pflanzen anzupassen, man kann sie über die ganze Vegetationsperiode optimal mit Wasser versorgen.

Auch der Windeinfluß als einer der begrenzenden Faktoren im Freiland kann unbeachtet bleiben. Nur im Sommer muß man einer zu intensiven Sonneneinstrahlung entgegenwirken. Ein Abschattieren ist sicher nur gelegentlich notwendig. Ein günstiger Wert von 2200 bis 2500 Sonnenscheinstunden in der Vegetationsperiode wird in unseren Regionen nur selten erreicht.

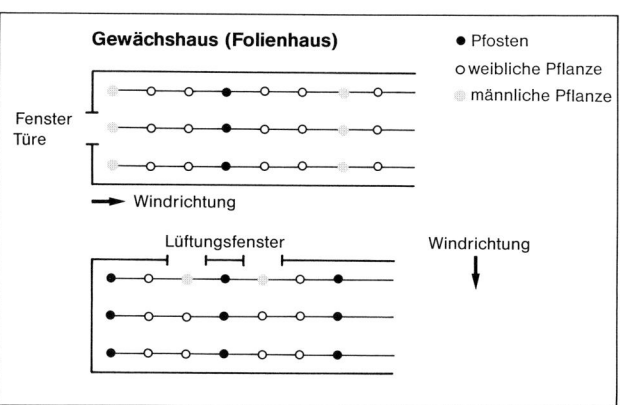

Gewächshaus (Folienhaus)

● Pfosten
○ weibliche Pflanze
◉ männliche Pflanze

Fenster
Türe

→ Windrichtung

Lüftungsfenster

Windrichtung

Natürlich kann es schon tageweise zu einer höheren Strahlungsintensität kommen. Leichte Schattiermatten oder Gaze sind nicht schwer anzubringen. Für eine kurze Zeit tun sie gute Dienste.

Wenn dann der Boden im Gewächshaus für eine langlebige Kultur aufbereitet wurde, ergibt sich eine für das Gedeihen der Kiwi beste Grundlage. Wichtig ist dabei ein genügend tiefer Untergrund. Nach der Bodenbeschaffenheit wird später die notwendige Düngung bemessen, sie kann gerade im Gewächshaus gleich über das Bewässerungssystem erfolgen.

Anbau unter Folie

Im wesentlichen decken sich in einem Foliengewächshaus die Möglichkeiten des Kiwi-Anbaues mit denen im Glashaus. Wegen der langen Kulturzeit der Kiwi gilt es, ein besonderes Augenmerk auf die Stabilität des Foliengewächshauses (Folientunnels) zu legen. Dies dürfte wohl der schwächste Punkt sein.

Eine feuerverzinkte Stahlrohrkonstruktion mit Unterzügen, die für eine weitere Festigkeit sorgen, muß vor der Pflanzung errichtet werden. An den Enden sind Lüftungsvorrichtungen vorzusehen. Die Stützen für das Folienhaus dienen gleichzeitig für die Befestigung der Spaliere bzw. Pflanzen.

Verwendung kann eine PE-Folie finden, die gegen UV-Strahlen stabilisiert ist. Je nach Lebensdauer des Materials muß man nach einigen Jahren mit einer Neuinvestition rechnen.

Für eine Kiwi-Kultur wird das Foliengewächshaus so groß bemessen, daß auch für die stärker wachsenden männlichen Pflanzen genügend Raum zur Verfügung steht. Im Gewächshaus wird das Verhältnis von männlichen zu weiblichen Pflanzen mit 1:4 oder 1:5 veranschlagt.

Befruchtung

Als einziges Problem könnte sich im Gewächshaus die Befruchtung ergeben. Es läßt sich lösen durch das Aufstellen von Ventilatoren zur besseren Luftumwälzung des Pollens. Erfahrungsgemäß erfolgt die Kiwi-Blüte im Gewächshaus einige Wochen früher als im Freiland. Deshalb gibt es nur selten oder gar keinen ausreichenden Insektenbesuch. Trotz tagsüber geöffneten Fenstern und Türen ist kaum mit einem zur Befruchtung ausreichenden Bienen- oder Hummelflug zu rechnen. Die Völker der Wildhummeln und Bienen als häufigste

Besucher der Kiwi-Blüten sind noch zu schwach, um die Befruchtung vollständig zu sichern.

Als letzte Alternative bleibt die Handbestäubung übrig. Sie ist mit die sicherste Methode für eine erfolgreiche Befruchtung, aber auch sehr zeitaufwendig.

Im Gewächshaus müssen die männlichen Kiwi-Pflanzen so plaziert werden, wie es für die Bestäubung am günstigsten ist. Folglich wird die Stellung von vornherein festgelegt. Lassen sich die Fenster der Stirnseiten öffnen, pflanzt man eine männliche als nächststehende Pflanze. Der Luftstrom trägt den Pollen in den Raum. Werden die seitlichen Lüftungsklappen benutzt, muß dort in unmittelbarer Nähe die männliche Pflanze stehen.

Spaliere

Im Gewächshaus baut man die Reihen zweckmäßigerweise als einreihige Spaliere auf, so wie im Freiland. Hat man genügend Platz, kann auch ein lockeres T-Spalier Verwendung finden. Dadurch wird die Wuchskraft besser ausgeschöpft. Pergolen eignen sich nicht für das Gewächshaus. Sie werden zu dicht und die Kiwi-Pflanzen bekommen zu wenig Licht.

Pflanzabstände

Die bis jetzt angebotenen Sorten benötigen in einem Glas- oder Folienhaus einen Standraum von mindestens 4 bis 5 m mal 3m, die Höhe darf nicht unter 2,5 m liegen. Die neuen *A. arguta*-Sorten kommen mit einem Pflanzabstand

von 2 bis 3 m und einem Reihenabstand von nur 2 m aus. Die Höhe bleibt gleich. Es ist zu berücksichtigen, daß die Pflanzen in einem überdachten Raum wesentlich stärker wachsen als im Freiland. Weil Witterungseinflüsse weitgehend ausgeschaltet sind, kann sich die Kiwi-Pflanze besser entwickeln.

Im allgemeinen sind alle Arbeiten wie Bodenpflege, Düngung, Bewässerung denen im Freiland gleichzusetzen. Bei Gewächshäusern aus Glas oder mit Folie muß ein verstärkter Schnitt einkalkuliert werden, da das Wachstum ungestört verläuft und daher wesentlich üppiger ist.

Krankheiten und Schädlinge im geschützten Anbau

In überdachten Räumen mit geringerer Luftzirkulation und anderem Mikroklima als im Freiland ist ein Befall mit Schädlingen nicht auszuschließen. Rote Spinne, Milben und verschiedene Läusearten siedeln sich gerne an. Verstärkt kann ein *Botrytis*-Befall bei zu feuchter Luft vorkommen und eine zusätzliche Bekämpfung notwendig machen.

Pflanzung

Pflanzzeit

Die Pflanzzeit kann im Sommer mit Containerpflanzen, im Herbst oder Frühjahr liegen. Alle Termine haben Vor- und Nachteile, wie die folgenden Erklärungen aufzeigen.

Sommerpflanzung

Am günstigsten erscheint die Sommerpflanzung im Juni bis Juli mit gut durchwurzelten Containerpflanzen. Die Wärme ist für einen Anwuchserfolg entscheidend, es sind die geringsten Ausfälle zu erwarten. Ausreichende Wassergaben bilden die Voraussetzung. Containerpflanzen werden mit dem ganzen Erd- oder Torfballen ohne Wurzelverluste gleich an Ort und Stelle eingesetzt. Die Pflanzen müssen vorher abgehärtet werden, d.h. sie dürfen nicht direkt aus dem Gewächshaus kommen. Ihre verweichlichten Blätter würden durch zu hohe Sonneneinstrahlung geschädigt. In der warmen Jahreszeit gewöhnen sich die Kiwi-Pflanzen schneller an den Standort und sie können sich besser auf die kommende kalte Jahreszeit einstellen.

Herbstpflanzung

Wird der Herbsttermin für die Pflanzung ausgewählt, muß man unbedingt für einen Winterschutz sorgen. Ohne ihn gibt es für Kiwis in den ersten Standjahren kaum eine Überlebenschance. Es läßt sich nicht voraussehen, ob ein Winter mit strengen Frösten bevorsteht. Eine Abdeckung erfolgt deshalb vorbeugend. Veredelte Pflanzen erweisen sich als besonders empfindlich. Erfriert das Edelreis, muß man eventuell mit dem Durchtreiben der Sämlingsunterlage rechnen.

Winterschutz. Man kann die jungen Pflanzen mit Stroh, Schilf, Holzwolle oder Zeitungspapier einbinden. Bewährt haben sich Flaschenhülsen aus Stroh. Das Material wird zusätzlich mit einer Plastikfolie gegen Nässe geschützt. Eine mit Sägemehl, Holzspänen oder ähnlichem Material gefüllte Plastiktüte kann ebenfalls zum Schutz vor Winterfrösten um den Trieb gewikkelt werden. Man achtet dabei auf den guten Bodenschluß des Abdeckmaterials. Die Höhe der Abdeckung sollte 60 bis 80 cm betragen – je nach Pflanzenwuchs oder Stammhöhe. Im ersten Jahr macht das Einbinden keine so großen Schwierigkeiten, weil die Kiwi-Pflanzen meist nur 1- bis 2triebig sind. Bei 2- bis 3jährigen Pflanzen braucht nur der untere Teil einen Winterschutz. Wenn auch die oberen Triebe erfrieren sollten, kann ein Neutrieb aus den unteren geschützten Partien nachtreiben. Aus Steckholz gezogene Pflanzen können wieder erbgetreu regenerieren.

In Gegenden mit einem langen und schönen Herbst hat dieser Pflanztermin den Vorteil, daß die Kiwis bereits mit der Wurzelbildung beginnen können und im Frühjahr gleich besser weiterwachsen, sofern sie gut durch den Winter gekommen sind.

Zur Herbstpflanzung sollten die Kiwi-Pflanzen schon 2 Jahre alt sein. Sie sind bei guter Holzausreife weniger empfindlich als 1jährige Pflanzen, außerdem treiben sie williger aus.

Kiwis brauchen einen Winterschutz. Ansonsten kann der Frost zu Rissen in der Rinde, am Stamm und an den Zweigen führen.

Laufe des Sommers können die Pflanzen so weit einwurzeln, daß für den nächsten Winter weniger Schutzmaterial benötigt wird.

Pflanzdurchführung

Nachdem der Boden 1 bis 2 Jahre vorher optimal vorbereitet wurde, kann gepflanzt werden. Dazu wird eine Grube von 40 bis 50 cm im Quadrat mit einer Tiefe von 30 bis 40 cm ausgehoben. Je nach Bodenart wird in die Pflanzgrube eine Schaufel Torf beigemischt. Die Pflanzen dürfen nicht nur in reinen Torf gesetzt werden. Günstiger ist ein gutes Vermischen mit der ausgehobenen Erde. Je größer das Pflanzloch und je lockerer der Boden in ihm ist, um so leichter können Kiwis anwachsen. Je schneller sie an eine feste Abgrenzung (Blumentopfwirkung) stoßen, um so schwieriger wird es für sie, ein ausgedehntes Wurzelwerk zu bilden. Bei veredelten Pflanzen bleibt die Veredlungsstelle über dem Erdboden frei.

Ist die Frostgefahr vorbei, wird die Umgebung der Pflanze mit Torf oder jedem anderen organischen Material abgedeckt. Diese Auflage sollte mindestens 5 bis 10 cm betragen. Die Mulchschicht sorgt für gleichmäßige Feuchtigkeit und Wärme.

Nach dem Einpflanzen bindet man die Kiwi-Pflanze sofort z.B. an einem Bambusstab oder dem Spalier fest. Wenn sie – wie bei der Sommerpflanzung – bereits große Blätter hat, ist diese Maßnahme um so notwendiger, weil die Pflanze ohne einen entsprechenden Halt umkippen bzw. abbrechen würde.

Frühjahrspflanzung

Eine Frühjahrspflanzung kann sich oft bis in den Mai hineinziehen, weil der Boden entweder noch zu naß und kalt ist, oder Spätfrost kommen kann. Stammen die Pflanzen aus einer Gewächshausüberwinterung, ist besondere Vorsicht geboten. Im freien Baumschulland gehaltene Pflanzen erweisen sich als robuster und eignen sich daher besser für die Frühjahrspflanzung. Im kalten Boden dauert die Wurzelneubildung wesentlich länger als in der warmen Jahreszeit. Man kann bei Ausgang des Winters besser erkennen, ob die Pflanzen noch am Leben sind. Wenn nach einem Probeschnitt des Triebes im Februar Saft austritt, ist das Gewebe voraussichtlich gesund. Spätere Frostschäden am Standort sind niemals ganz auszuschließen.

Wer die Absicht hat, im Frühjahr zu pflanzen, spart den Winterschutz. Im

Bei der Erziehung auf Stämmchen sollte man am Anfang auf einen geraden Wuchs achten. Die Saftzirkulation ist dann besser, ebenso die zusätzliche Stützkraft. Wenn die weiche Triebspitze in kurzen Abständen an den Stützpfahl angeheftet wird, läßt sich ein eigenmächtiges Schlingen weitgehend vermeiden. Wächst der Trieb im ersten Jahr zu schwach, so kann man ihn im Frühjahr noch einmal stark zurückschneiden. Der neue Trieb ist dann viel kräftiger, ihn kann man zu einem guten Stamm erziehen. Seitentriebe werden im 1. Jahr bei einem vorgesehenen Stämmchen rechtzeitig entfernt.

Wenn die Kiwi-Pflanzen einmal den Spalierdraht erfaßt haben, braucht man sich um ihre Standfestigkeit keine Gedanken mehr zu machen – mit Ausnahme einer kleinen Korrektur der zu weit nach außen gewachsenen Seitentriebe.

Pflanzabstand

Der Pflanzabstand muß bei den *A. chinensis*-Sorten im Freiland 4 bis 5 m betragen, während sich die kleinwüchsigeren *A. arguta*-Sorten mit 2 bis 3 m begnügen. Entsprechend kann der Reihenabstand verringert werden, er ergibt sich durch das Spalier. Eine Kiwi-Pflanze braucht Platz (siehe Seite 52), sie muß sich genügend ausbreiten können. Wer von vornherein eine Pergola haben möchte, kann den Pflanzabstand auf 4 m verringern. Natürlich ist hierbei später ein erhöhter Schnittaufwand erforderlich, um das Gewirr von Ästen einigermaßen für die Fruchterzeugung zu sichern, ohne viel unproduktives Holz zu besitzen.

Je besser die Bodenfruchtbarkeit, desto weiter müssen die Pflanzabstände gewählt werden, weil die Kiwis über eine starke Wuchskraft verfügen.

Männlich – weiblich

Bei der Aufpflanzung einer Kiwi-Anlage sind die Geschlechtsverhältnisse genau zu beachten. Man kann 8 bis 10 weibliche Pflanzen einer männlichen zuordnen. Im Normalfall ist es zweckmäßig, die männliche Pflanze in die Mitte zu stellen, um die Befruchtung zu garantieren. Die Plazierung kann so erfolgen, daß jede dritte Pflanze in der Reihe eine männliche ist. In der nächsten Reihe wird dann versetzt gepflanzt.

Falls häufig einseitiger Wind herrscht, sind die männlichen Pflanzen auf jeden Fall schon in die erste, dem Wind am nächsten stehende Reihe zu setzen, um auch ohne Insektenflug die Befruchtung zu gewährleisten. Eine gleichmäßige Verteilung der männlichen Pflanzen ist immer anzustreben. Grundsätzlich sollte in der Reihe jede dritte Pflanze eine männliche sein. Die Abbildung zeigt die ideale Verteilung der männlichen Pflanzen im Freiland und an der Pergola.

Ein direktes Zusammenpflanzen von männlichen und weiblichen Kiwis in dieselbe Pflanzgrube erscheint als absolut sinnlos, da es bei der Wüchsigkeit des einen Partners nur Nachteile für den anderen geben kann. Die männlichen Pflanzen wachsen fast immer schneller und sind daher stärker. Sie überwuchern und unterdrücken die weiblichen Pflanzen. Die schwächere Pflanze überdauert nur wenige Jahre.

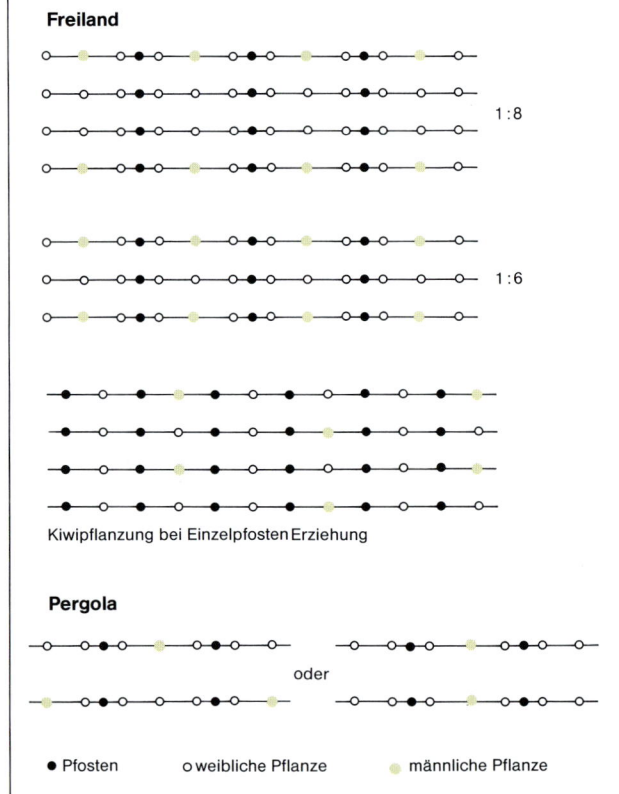

Freiland

1 : 8

1 : 6

Kiwipflanzung bei Einzelpfosten Erziehung

Pergola

oder

● Pfosten   o weibliche Pflanze   ● männliche Pflanze

Stellung von weiblichen und männlichen Pflanzen im Freiland oder an der Pergola. Generell sollte jede dritte Pflanze eine männliche sein.

Düngung

Wie jede andere Kulturpflanze muß auch der Kiwi-Strauch seine jährliche Nahrung bekommen, ungeachtet der Vorkulturen, die mehr zur Auflockerung des Bodens und der Vermehrung der Mikroorganismen dienen. Um über das ganze Jahr die großen Blätter funktionsfähig zu erhalten, ist den Bodenwerten entsprechend zu düngen. Ein Nährstoffentzug erfolgt ebenfalls durch alle gewachsenen Teile, die wir mit dem Schnitt und mit der Ernte wieder wegnehmen. Auch sie mußten vorher mit Nahrung versorgt werden. Nicht zu vergessen sind die Auswaschungen durch die Sommerregen oder die Winterfeuchtigkeit.

Je weiter sich eine Pflanze von ihrem optimalen Standort entfernt, um so schwieriger wird die Anpassung an die neue Umgebung. Kiwis sind auch in dieser Beziehung sehr anspruchsvoll. Je weniger der Standort zusagt, desto teuerer, aufwendiger und schwieriger werden die notwendigen Pflegemaßnahmen. Wer glaubt, auf exotische oder subtropische Pflanzen – wie die Kiwi – nicht verzichten zu können, darf nicht erwarten, daß diese Pflanzen so einfach zu kultivieren sind wie einheimisches Beerenobst. Obgleich Kiwis auch chinesische Stachelbeeren genannt werden, sind sie niemals mit unseren Gartenstachelbeeren in ihren Ansprüchen vergleichbar.

Bevor wir auf die Düngung der Kiwi näher eingehen, wollen wir deutlich herausstellen: Wenn die Bodenverhältnisse nicht zusagen, kann auch die beste Düngung nicht alles wieder gutmachen. Trotzdem sind die Pflegemaßnahmen sehr variabel, dazu gehört natürlich auch die Düngung, sie wird dem jeweiligen Pflanzenwachstum angepaßt.

Die Düngung soll den Nährstoffentzug aus den natürlich vorkommenden Bodenmineralien ersetzen und so jeder Pflanze ihren individuellen Anspruch erfüllen. Wenn allerdings bei den Kiwis von vornherein ein sehr hoher pH-Wert im Boden vorliegt, kann auch die beste Düngung nicht alle Schäden wieder ausmerzen. Die vorher ermittelten Düngerwerte sind ganz besonders wichtig. Eine Bodenuntersuchung erspart nicht nur viel Ärger in den Folgejahren, wenn die Pflanzen nicht so richtig wachsen wollen, sondern auch viel Kapital. Deshalb sollte niemand die Kosten einer Bodenuntersuchung scheuen – und zwar vor der Pflanzung.

pH-Wert

Für das gute Gedeihen der Kiwis bildet ein vorwiegend saurer Boden eine der wichtigsten Voraussetzungen. Wie schon auf Seite 32 dargestellt, sollte der pH-Wert zwischen 4,5 und 5,5 liegen. Enthält der Boden zuviel Kalk, reagieren Kiwis unweigerlich mit Chlorosen. Die Blätter behalten nicht das satte Grün oder leuchtende Rot des Austriebes, sie beginnen sich bald aufzuhellen und werden intensiv gelb. Bei fortschreitenden Chloroseschäden verbräunen die Blätter vom Rand her und trocknen schließlich ganz ein. Ein vorzeitiger Blattfall läßt sich dann nicht mehr verhindern. Auf kalkreichen Standorten können Kiwis bereits im August die Blätter abwerfen. Dadurch ist die Assimilation unterbrochen und

die Pflanze kann für das kommende Jahr keine Reservestoffe mehr anreichern. Falls ein Fruchtansatz vorhanden war, gelangt auch er ohne entsprechende Ernährung nicht zur Reife. Ein Kümmerwuchs mit anschließendem Tod der Pflanze erscheint unausweichlich.

Wenn infolge zu hoher Kalkwerte Eisenmangel sichtbar wird, ist mit einer empfindlichen Hemmung des Wachstums zu rechnen, denn die Zellen können sich nicht mehr teilen. Scharf abgesetzte grüne Adern auf hellem Blattgrund, vornehmlich bei jungen Blättern, sind ein sicheres Zeichen für einen unbehaglichen Standort. Es kann sogar so weit kommen, daß der Neuwuchs im Sommer fast weiß erscheint. Empfindliche Gehölze, die wie die Kiwi auf zu kalkreichem Boden Eisenmangelsymptome zeigen, blühen wenig und haben demzufolge nur geringe Erträge. Die Fruchtausfärbung bleibt weniger intensiv, die Früchte erscheinen unter dem braunen Pelz sehr hellgrundig.

Wer für Kiwis keine geeigneten Böden besitzt und trotzdem einen Versuch wagen möchte, muß bei Kalkböden hohe Kosten in Kauf nehmen. Ständige Eisenspritzungen während der Vegetationsperiode sind unerläßlich. Eine Verabreichung der Eisenmittel über den Boden ist möglich, aber meist weniger effektiv als die Blattspritzungen. Der Beginn dieser Spritzungen erfolgt ab Mai bei etwa handflächengroßen Blättern. Wenn im Frühjahr bei verzögertem Austrieb noch nicht genügend Blattfläche vorhanden ist, sollte man das Gießverfahren anwenden.

Die Eisenbehandlungen sind in den Monaten Juni bis Juli öfter vorzunehmen. Wenn der Neuzuwuchs nachläßt, können ab Juli bis August die Termine der Spritzungen weiter auseinander liegen. Bei einer starken Neigung zur Kalkchlorose liegen anfangs die Spritz-

Links: Starker
Chloroseschaden.
Gleiches Bild
rechts: Chloro-
tische Planze nach
mehreren Eisen-
spritzungen.

Rechts:
Chloroseschaden.

Unten: Mangan-
und Magnesium-
mangel. Junge
Blätter chlorotisch.

termine in 8- bis 10tägigen Abständen. Ab Mitte Sommer sind die Behandlungen alle 14 Tage bis 3 Wochen zu wiederholen. Wenn die Chloroseaufhellungen nicht mehr so stark erscheinen, kann man ab Ende August die Eisenspritzungen beenden. Dann sind die Früchte in ihrem Wachstum bereits so weit fortgeschritten, daß die Assimilationsleistung der Blätter für die Fruchtreife ausreicht.

Es ist wesentlich leichter, einen sauren Boden für die Kiwi aufzukalken, als einen zu hohen pH-Wert zu senken. Besonders gefährdet sind Kiwi-Pflanzen an Hauswänden, wenn dort der Boden von den Verputzarbeiten des Hauses viel Kalk bekommen hat. Man müßte ständig mit Eisenpräparaten spritzen oder gießen, um wenigstens einigermaßen die Kiwi-Blätter bis zum Herbst funktionsfähig zu erhalten. Eine weitere Schwierigkeit ist an so einem Standort die Einengung des Wurzelhorizontes, zumindest zur Hauswand hin und

damit eine sehr verminderte Aufnahmefähigkeit für den Dünger. Vorrichtungen für eine ausreichende Wasser- und Düngerversorgung können mit Gitterrosten auf einem Plattenweg von vornherein eingebaut werden.

Mangelerscheinungen

Magnesiummangel

Viel häufiger als angenommen wird, reagieren Kiwis auf Magnesiummangel. Mangelsymptome äußern sich zwar bei den einzelnen Pflanzenarten unterschiedlich, jedoch zeigen sie im allgemeinen gemeinsame charakteristische Merkmale. In der Mitte der älteren Blatthälften beginnt ein Magnesiummangel mit Blattaufhellungen. Die hellen Flecken breiten sich zwischen den Adern aus, bis das Blatt nur noch entlang der Hauptadern grün erscheint. Ein weiteres Merkmal für Magnesiummangel sind die Pflanzen, die welk und schlaff wirken. Bei sehr warmer Witterung wird dieses Erscheinungsbild am deutlichsten. Die einzelnen Blätter fühlen sich spröde an. Infolge Assimilatstauungen erscheinen die Interkostalfelder aufgewölbt und nicht mehr mit der frischen Spannkraft. An jungen Trieben sind die Spitzen auch schlaff und die jungen Blätter rollen sich vom Rand her ein. Bei starkem Mangel ist ein vorzeitiger Blattfall nicht ganz auszuschließen.

Zu einem Magnesiummangel kommt es auch bei zu hohen Ca-Konzentrationen der Bodenlösungen, welche hemmend auf die Magnesiumaufnahme wirken. So darf auch hier der pH-Wert nicht außer acht gelassen werden.

Kalimangel

Ein Kalimangel ähnelt in bezug auf den welken Eindruck in mancher Hinsicht dem Magnesiummangel. Die Blattspitzen der Kiwi-Pflanzen beginnen zuerst schlaff herabzuhängen und werden nekrotisch. Steht für die Pflanzen zu wenig Kalium zur Verfügung, so beginnen sich die Blätter vom Rande her einzurollen. Bei schlechter Versorgung bleiben die Blätter klein, sie sitzen fest am Trieb und fallen nicht ab.

Stickstoffmangel

Infolge der sehr vielen und großen Blätter einer Kiwi-Pflanze ist der Bedarf an Stickstoff (N) besonders hoch. Stickstoff ist ein wichtiges Bauelement der Pflanze und daher unentbehrlich. Bereits ab dem 1. Standjahr ist die Stickstoffzufuhr auch bei Kiwis notwendig, um die Stickstoff-Versorgung zu sichern. Ein Stickstoff-Mangel macht sich zuerst an den älteren Blättern bemerkbar mit einer fahlen hellgrünen Farbe. Rötliche Farbtöne sind öfter zu sehen. Die Pflanzen bleiben bei einem Stickstoffmangel wesentlich kleiner und kümmern. Bei Unterernährung kann ein früher Blattfall die Folge sein. Die Höhe einer Stickstoffdüngung richtet sich nach dem Bodenvorrat an verfügbarem Stickstoff.

Phosphormangel

Kümmerliche Pflanzen mit aufrechtem Wuchs und starrer Haltung der Blätter leiden oft an einer Unterversorgung mit Phosphor. Bei schlecht versorgten Böden sind Phosphor-Mangelsymptome durchaus möglich. Man bezeichnet den Phosphor-Mangel auch als Starrtracht, im Gegensatz zur Welketracht beim Kalimangel. Bei der Kiwi kann das Wachstum ebenso gehemmt sein wie die Entwicklung der Knospen und Blüten. Die Blätter nehmen eine rötliche bis bronzene Färbung an, bis es zu einem zu frühen Blattfall kommt. Eine ungenügende Versorgung mit Phosphor kann sich negativ auf die Fruchtbildung auswirken. Der Ertrag wird geringer, weil die Früchte kleiner bleiben.

Spurennährstoffe

Die Spurennährstoffe wie Zink, Mangan, Kupfer, Bor und Eisen sind – bis auf das Eisen – in so geringen Mengen notwendig und vorhanden, daß ein Mangel kaum wahrgenommen werden kann.

Wann wird gedüngt?

Bevor wir zur eigentlichen Düngung kommen, wollen wir die Bodenlockerung erwähnen, die für die langlebige

Kiwi-Kultur sehr wichtig ist. In zu festem Boden fühlen sich die Pflanzen nicht wohl. Nach der Pflanzung kann nur noch oberflächlich gelockert werden, um die Wasserverdunstung zu vermindern.

In die Pflanzgrube darf weder Stalldung noch Kompost gegeben werden, denn sie enthalten in der Regel zuviel Kalk. Frischer Mist wirkt zusätzlich wurzelschädigend, er ist zu scharf. Zur Auflockerung des Bodens, falls dies nach einer gründlichen Bodenvorbereitung noch notwendig ist, eignen sich Torfsubstrate als Beimengung. Auf kalkhaltigen Standorten dürfen nur Humusbildner verwendet werden, die im sauren Bereich liegen.

In den Frühjahrsmonaten nach der Pflanzung läßt man die Kiwi-Pflanzen erst einmal in Ruhe. Sie benötigen einige Zeit zur Wurzelneubildung und dafür reichen im ersten Jahr die Nährstoffe des Bodens aus. Allerdings muß genügend Wasser zur Verfügung stehen. Die sehr schnell heranwachsenden, saftiggrünen Blätter besitzen eine große Verdunstungsfläche. Wenn die Kiwis gut angewurzelt sind, kann die Düngung einsetzen.

Ausbringungszeiten

Ab dem 4. bis 6. Standjahr sind dreimalige Düngergaben günstig. Zum Austrieb im März-April ist die erste Gabe fällig. Ein erhöhter Nährstoffbedarf liegt im Juni zur Blütezeit vor, und zur Fruchtentwicklung muß im August die dritte Ausbringung erfolgen. So ist die Ernährung während des ganzen Jahres gesichert. Auch wenn bei uns die Ernte

erst im November stattfindet, werden keine Nährstoffe später als im August gegeben. Die Ausreife der Triebe darf nicht über den Erntezeitpunkt hinausgezögert werden. Die empfindlichen Kiwis sind sonst wesentlich frostanfälliger und es kommt zu größeren Winterschäden.

Düngermengen

Die jährlichen Düngermengen, insbesondere der Stickstoff, müssen in mehreren Gaben verabreicht werden, damit für die Kiwi-Pflanzen immer etwas zur Verfügung steht. Mit zunehmendem Alter und Ertrag wird die Düngermenge dem Wuchs angeglichen. Kiwis sind empfindlich gegenüber Chlor. Deshalb bevorzugt man chlorfreie Mehrnährstoffdünger – erkennbar an der blauen Farbe –, nur in Einzelfällen ist eine Düngung mit Einzelnährstoffen angebracht.

In den ersten beiden Standjahren gibt man jeweils 30 bis 40 g eines Blauvolldüngers pro Pflanze. Falls zuviel Kalk im Boden vorhanden ist, empfiehlt es sich, schwefelsaures Ammoniak zu verwenden.

Da es Kiwis bei uns in Deutschland vorläufig nur als eine Sonderkultur in kleinerem Ausmaß gibt, sind zu wenig Erfahrungswerte über die richtigen Düngerwerte bekannt. Sie haben eine sehr große Schwankungsbreite. Deshalb muß auf die Düngerangaben der eigentlichen Kiwi-Kulturländer zurückgegriffen werden. Die Empfehlungen liegen für Stickstoff bei 60 g pro Pflanze und Jahr (bezogen auf das Vollertragsalter ab dem 6. bis 7. Standjahr).

Anzustrebende Blattanalysenwerte im Juli

Nährelement	Gehalt in der Trockensubstanz
Stickstoff	3,12 %
Phosphor	0,20 %
Kalium	2,76 %
Calcium	2,30 %
Magnesium	0,70 %
Zink	29,00 ppm
Mangan	40,00 ppm
Kupfer	20,00 ppm
Eisen	169,99 ppm
Bor	71,00 ppm

In den ersten Jahren gilt es hauptsächlich das Pflanzenwachstum zu fördern. Mit Beginn der Fruchtbildung wird die Düngermenge erhöht, jeweils ab Juni–Juli benötigen die Früchte mehr Nährstoffe.

Bei chlorfreien Düngern (blauen Volldüngern) liegt die Jahresmenge bei 100 bis 120 g pro Pflanze. Im Frühjahr gibt man 30 bis 40 g, im Sommer zur Blütezeit 40 bis 60 g und im August eine kleinere Gabe von 20 bis 30 g. Bei leichteren Böden mit einer höheren Auswaschung müssen 20 bis 40 g pro Pflanze mehr veranschlagt werden. Bei im Vollertrag stehenden Pflanzen wird die Frühjahrsdüngermenge belassen, aber zur Blütezeit je nach Blühintensität auf 80 bis 100 g gesteigert. Die Augustgaben werden nicht erhöht.

Wer keinen Volldünger verwenden möchte, kann auch mit Einzelnährstoffen düngen. Im 1. Jahr ist nur der Stickstoff in zwei Gaben mit je 60 g pro Pflanze notwendig. Ab dem zweiten bis dritten Standjahr reichen drei Gaben zu den angegebenen Terminen mit 80 g Stickstoff, 30 g Phosphor und 50 g Kalium pro Jahr und Strauch aus. Vom 7. Jahr an werden die Werte gesteigert auf 500 g Stickstoff, 150 g Phosphor, 260 g Kalium und 75 g Magnesium.

Selbstverständlich sind diese durchschnittlichen Nährstoffmengen dem vorhandenen Nährstoffspiegel am Standort anzupassen. Sie dienen nur als Anhaltspunkte und sind daher sehr variabel. Eine gut entwickelte Kiwi-Pflanze soll im Juli die in der Tabelle aufgeführten Blattanalysenwerte erreichen.

Starke Abweichungen lassen sich durch unterschiedliche Maßnahmen mit der Zeit ausgleichen. Ist ein Nährstoff im Übermaß vorhanden, wird er eingespart. Bei zu geringen Werten verändert man die Einzelkomponenten entsprechend, z. B. durch eine Spurenelementdüngung.

Blattspritzungen

Düngergaben mit Spritzungen über das Blatt sind möglich, wenn nur die im Minimum vorhandenen Nährstoffe aufzufüllen sind. Bei den Blattspritzungen besteht die Möglichkeit, einzelne Grunddünger und Spurenelemente je nach Bedarf zu kombinieren. Es kommt besonders im Frühjahr darauf an, bald aktive Assimilationsflächen zu erhalten. So kann man vor allem die Stickstoffwerte mit einer Blattspritzung im April erhöhen. Bei gut mit Nährstoffen versorgten Böden werden einzelne Nährstoffe ausgespart, wie z.B. Phosphor oder Kalium. Dagegen benötigen Kiwis praktisch immer Stickstoff. Eine ausreichende Versorgung erkennt der Gartenbesitzer an der dunkelgrünen Farbe der großen Blätter.

Organische Dünger

Geeignet sind nach dem dritten Standjahr bei Beginn der Fruchtbildung auch alle Humusdünger wie gut verrotteter Stalldung, Hornspäne oder Blutmehl. Es erweist sich als vorteilhaft, den Boden immer mit langsamfließenden Nährstoffen zusätzlich zu versorgen. Je kalkhaltiger der Boden, desto mehr saurer Torf wird zur Abdeckung rund um die Pflanze verwendet. Eine höhere organische Schicht, vor allem aus den neueren Instanttorfen, hat den Vorteil, daß die Erde darunter genügend feucht bleibt und weniger schnell austrocknet. Bei der großen Verdunstungsfläche der Blätter ist dies ein wichtiger Aspekt.

Ausbringung

In den ersten Jahren streut oder gießt man die Nährstoffe eng um die Pflanze. Ab dem Vollertrag wird eine Fläche von mindestens 4 bis 6 m^2 breitwürfig mit Dünger abgedeckt. Noch junge Kiwi-Pflanzen reagieren empfindlich auf überhöhte Düngermengen.

Am besten streut man die Mineralstoffe auf trockenen Boden und läßt sie mit den natürlichen Regenfällen langsam eindringen. Eine punktuelle Düngergabe um die Kiwi-Pflanzen mit der Düngerlanze erweist sich als weniger günstig. Die Verteilung ist ungleichmäßiger und nicht so leicht zu kontrollieren wie bei einer flächigen Ausbringung.

Schnitt

Wer Kiwis in seinem Garten anbaut, fragt eines Tages nach der sichersten Schnittmethode für einen größtmöglichen Fruchtertrag. Wie jede andere Obstart, muß auch bei der Kiwi-Pflanze ein regelmäßiger Schnitt erfolgen. Wann und wie sollten diese Arbeiten durchgeführt werden, damit regelmäßige Ernten erreicht werden? Damit sie nicht zuviel unproduktives Holz entwickeln, brauchen Kiwis ab dem 3. Standjahr im Sommer und Winter einen Schnitt.

Als Schlingpflanzen erfassen die Ranken alles, was sich ihnen bietet. Es werden nicht nur die Spanndrähte, sondern auch Pfosten oder die eigenen Triebe sehr fest umschlungen. Wer von vornherein nicht aufpaßt, verliert schnell die Übersicht. Es gibt bald ein Gewirr von Ästen, die kaum mehr zu entschlingen sind – höchstens mit einem erhöhten Schnittaufwand.

Deshalb ist es besonders wichtig, daß alle Haltevorrichtungen ab dem 1. Standjahr vorhanden sind und die Pflanzen gleich in die erwünschte Form gebracht werden. Außerdem ist der Schnitt wichtig, um die Pflanzen offen zu halten und ein Verwachsen zu vermeiden. Das Fruchtholz darf nie zu stark beschattet sein. Hervorragende Früchte wachsen nur bei genügend Licht heran. Ausschließlich im Schatten herangewachsene Früchte sind immer von minderer Qualität. Wenn eine Frucht unter guter Lichteinwirkung ihre Atmungsaktivität und damit ihren Stoffumsatz erhöhen kann, wird sie wesentlich schmackhafter und süßer. Schattenfrüchte sind saurer, sie reifen schlechter aus und haben nur ein

schwaches oder gar kein Aroma. Schon aus diesem Grund sind die Kiwi-Pflanzen möglichst locker und licht zu halten. Dies ist nicht gleichzusetzen mit einer direkten intensiven Sonneneinstrahlung, die unter Umständen an den Früchten Sonnenbrandschäden hervorruft. Die großen Blätter schützen die Früchte ausreichend, wenn die Spaliere in der richtigen Himmelsrichtung angelegt wurden.

Schnittzeitpunkt

Für Kiwis gibt es einen Winter- und einen Sommerschnitt. Beide Termine sind wichtig. Sie dürfen in keinem Jahr versäumt werden. In den ersten zwei Jahren befestigt man zunächst die jungen Ranken an den Spalieren. Danach kann man das weitere Astgerüst garnieren. Die Stellung der zu befestigenden Triebe erfolgt nach dem Zweck, der erreicht werden soll.

Winterschnitt

Im Winter dient der Schnitt dem Aufbau und dem Entfernen überflüssiger Äste. Die künftigen Fruchtträger müssen möglichst gleichmäßig und locker verteilt werden, um eine hohe Produktivität zu erreichen.

Der Zeitpunkt für den Winterschnitt liegt am günstigsten an frostfreien Tagen von Mitte Februar bis Mitte März. Zu früh sollte man nicht schneiden, weil jede Schnittwunde eine Eintrittspforte für den Frost öffnet. Man wartet am besten die strengste Winterkälte ab. Wenn nach dem Schnitt nochmals ein geringer Frost folgt, ist dies nicht weiter be-

Unterscheidung zwischen gutem Fruchttrieb (unten) und weniger gut geeignetem Trieb für die Fruchtbildung (oben).

weniger gut geeigneter Trieb für die Fruchtbildung
– senkrecht nach oben gerichtetes, kräftiges Wachstum
– flache Knospen
– lange Internodien

guter Fruchttrieb
– flacher und mäßiger Wuchs
– kurze Internodien
– ausgeprägte große Knospen
– eigenständige Endknospe

unruhigend. Es kann nur sein, daß noch ein Teilstück vom Trieb vertrocknet. Es wird bei einer späteren Durchsicht entfernt.

Ein Schnittermin gegen Ende März liegt bereits zu spät. Kiwis besitzen einen starken Saftstrom. Daher kommt es bei Verletzungen im Frühjahr zu einem Saftaustritt, der tagelang anhalten kann, bis die Wunde von selbst wieder verklebt. Der Druck ist so enorm, daß der Saft richtig herausspritzt. Wundverschlußmittel einzusetzen, erweist sich als zwecklos, der Saft quillt trotzdem heraus. Deshalb ist es wichtig, alle Schnittarbeiten von Anfang an so durchzuführen, daß keine zu starken Äste entfernt werden müssen. Bei zu intensivem Saftaustritt fängt das wertvolle Fruchtholz zu schrumpfen an, die Pflanze wird geschwächt.

Während des Schnittes muß man mit den Ranken im Winter vorsichtig umgehen. Sie brechen leicht wie Glas an der Ansatzstelle ab. Dem kann man durch einen regelmäßigen Sommerschnitt etwas vorbeugen.

Sommerschnitt

Im Sommer lassen sich die Schnittmaßnahmen viel einfacher und schneller durchführen. Der beste Zeitpunkt ist der August, wenn die Früchte Walnußgröße erreicht haben. Zu diesem Zeitpunkt gibt es nur wenig Saftdruck. Die Schnittstellen verkleben sehr schnell, ein längeres Nachbluten ist kaum feststellen. Wenn ein Ast abbricht, so wächst bis zum Winter sicher ein Ersatztrieb heran, den man wieder zum Aufbau heranziehen kann. Außerdem sind im Sommer die jungen Triebe wesentlich biegsamer als im Winter.

Allgemeine Schnittdurchführung

Im Winter werden zu alte, vergreiste Fruchttriebe weggeschnitten und der junge Nachwuchs formiert. Eine Fruchtholzerneuerung soll alle drei Jahre erfolgen. Die Kiwi-Pflanze zeigt den entsprechenden Umtrieb selbst an. Wenn der abgetragene Fruchttrieb bis zum Leitast des Gerüstes weggeschnitten wird, ist auf die Stellung der Jungtriebe zu achten. Eine zu steil gewachsene Ranke bricht fast immer ab, wenn sie nicht rechtzeitig im Sommer als möglicher Ersatztrieb beigeheftet wurde. Deshalb muß vor dem endgültigen Wegschnitt erst einmal geprüft werden, wel-

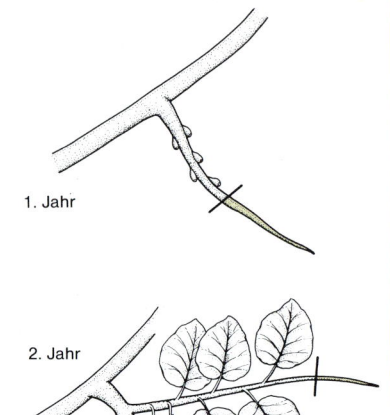

1. Jahr

2. Jahr

bei Fruchtentwicklung im Juli–August
5–7 Blätter zur Fruchternährung belassen,
dahinter Trieb wegschneiden

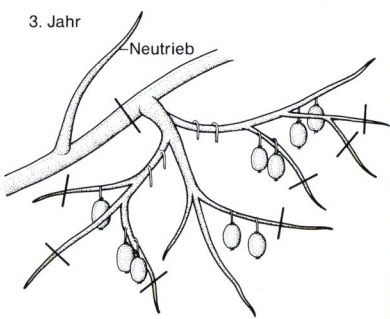

3. Jahr

Neutrieb

zur Erleichterung des Winterschnittes
bleiben die Fruchtstiele am Trieb

Kiwis hängen zu 2–10 Stück an
der Basis der neuen Seitentriebe

nicht mehr als 6–8 Früchte/Trieb belassen,
da sonst ungenügende Fruchtgröße

Links: Sommerschnitt bei Kiwis. Unten: Unterentwickelte Früchte werden beim Sommerschnitt mit entfernt.

Rechts: Die Aufnahme zeigt, an welcher Stelle der Sommerschnitt am einjährigen Trieb ansetzen soll.

cher neue Trieb die künftige Funktion des Leittriebes übernehmen kann. Eine regelmäßige Fruchtholzverjüngung muß gewährleistet sein. Der Aufbau des Spaliers oder der Pergola wird durch den regelmäßigen Schnitt offengehalten. Der Winterschnitt regt das fruchtende Holz zu neuem Wachstum an.

Während im Winter mehr Holzarbeiten anfallen, sind im Sommer vor allem die Äste einzukürzen, an deren Basis die Früchte sitzen. Diese fruchttragenden Langtriebe werden hinter den inzwischen walnußgroßen Früchten auf 5 bis 7 Blätter eingekürzt. Die verbleibende Assimilationsfläche reicht für die Ernährung der Früchte aus. Die Nährstof-

fe stauen sich bei den Früchten; diese werden dadurch besser versorgt.

Wird im August nicht geschnitten und bleiben die Triebe oberhalb der Kiwi-Früchte lang, so ist damit zu rechnen, daß die schnell wachsenden Triebspitzen die für die Früchte wichtigen Nährstoffe abziehen, die Früchte nicht ausreichend ernährt werden und wesentlich kleiner bleiben.

Beim Einkürzen der Triebe sollte man die zu kleinen und schlecht ausgebildeten Früchte mitentfernen. Sie bleiben bis zur Ernte unterentwickelt und können die Größe der anderen Früchte nicht mehr aufholen. Auch die Herausnahme einiger Leitäste wird bei einem stärkeren Schnitt notwendig. Bei den *A. arguta*-Formen hat sich ein fächerförmiger Schnitt der Leitäste bewährt. Nicht nur das Fruchtholz muß regelmäßig geschnitten werden, junge Leitäste bringen nach der Verjüngung bessere Fruchttriebe hervor.

Einreihiges Spalier

Bei dem normalen einreihigen Spalier – in Nord-Süd-Richtung errichtet – kann man entweder einen kleinen Stamm erziehen oder auch mehrere Triebe für den Aufbau benutzen. Letztere Erziehungsart gleicht eher einem Busch und ähnelt einem erweiterten Fächerspalier. Es kommt darauf an, ein gut ausgebildetes Rankenwerk von Zug- und Fruchtästen zu bekommen. Ein Gleichgewicht zwischen Neuwuchs und Fruchttrieben muß gewährleistet sein. Bei einer freien Spaliererziehung ist die Schnittmethode etwas lockerer zu handhaben als z.B. bei einem Wandspalier. Es kommt auch darauf an, ob man die Kiwis an 3 oder 4 Drähten wachsen lassen möchte. Danach richtet sich die Anzahl der Äste, die einer Pflanze belassen werden.

Wer einen kleinen Stamm haben möchte, muß von vornherein einen

Links: Kiwis können von der Basis aus entweder als Busch oder als Stamm erzogen werden.

Unten: Erziehung und Schnitt am einfachen Spalier.

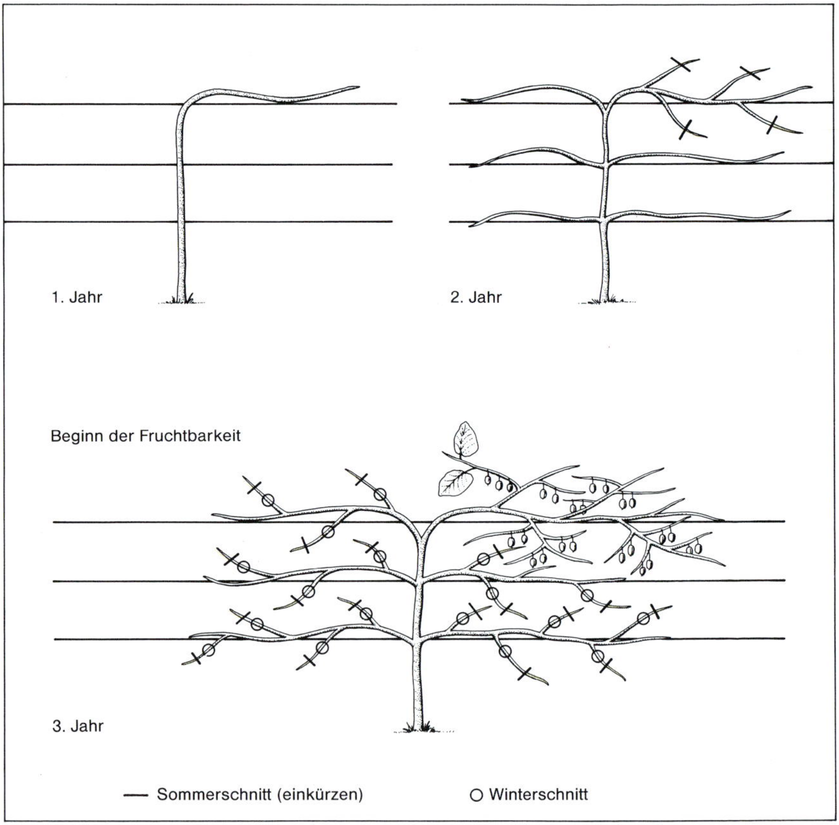

1. Jahr

2. Jahr

Beginn der Fruchtbarkeit

3. Jahr

—— Sommerschnitt (einkürzen)   ○ Winterschnitt

68

Der Stützpflock ist
bei diesem Kiwi-
Stamm fest einge-
wachsen. Wollte

man ihn entfernen,
würde wohl die
Pflanze erheblich
verletzt.

kräftigen Trieb auswählen. Er wird im ersten Jahr senkrecht angebunden. Die neuen Seitentriebe werden je nach ihrer Stellung zum Drahtgerüst dort ange-bracht, wo man sie am günstigsten in die waagrechte Stellung bringen kann. Nach dem 3. Jahr ist auf jedem Draht ein Leitast anzuheften. Er bildet die Ba-sis für die weiteren Seitentriebe, die Früchte tragen. Der Umtrieb der Äste ist gewöhnlich 3jährig. So muß ab dem 2. bis 4. Standjahr immer wieder für einen Ersatz der Fruchttriebe an den Drähten gesorgt werden. Dies bedeutet für jede Etage des Spaliers das Anheften von 1 bis 2 Ästen zusätzlich, damit sie bereits vorhanden sind, wenn die abgetragene Ranke nach einigen Jahren entfernt werden muß. Diese Äste übernehmen dann für weitere 3 bis 4 Jahre die Leit- oder Hauptastfunktion.

An jedem Draht können auch 2 Leit-äste vorhanden sein, jedoch dürfen in diesem Fall nur 3 Etagen aufgebaut werden. Bei einem 4-Etagen-Drahtspa-lier sind die Abstände zu gering, um mehrere Äste aufnehmen zu können. Das Spalier wird bald zu dicht und un-durchdringlich. Mit dem stärkeren Lichtentzug für die unteren Etagen wird dort die Fruchtqualität stark beein-trächtigt.

Die beiden Haupttriebe des Astgerü-stes dürfen sich nicht gegenseitig um-schlingen, sie müssen gerade nebenein-ander angebracht werden, sonst gibt es bei den notwendigen Schnittmaßnah-men einen zu hohen Arbeitsaufwand, bis man die Äste wieder entflochten hat. Deshalb ist während der Wachstums-zeit eine ständige Überwachung not-wendig.

Man kann auch die ersten Haupttri-be oder Leitäste mehrere Jahre lang be-lassen und nur die fruchttragenden Sei-tentriebe erneuern. Die Pflanze zeigt im Laufe des Sommers von selbst an, auf welchen neuen Trieb zurückgeschnit-ten werden soll. Alle weiteren überflüs-sigen Jungtriebe sind zu entfernen; sie belasten den Spalieraufbau unnötig.

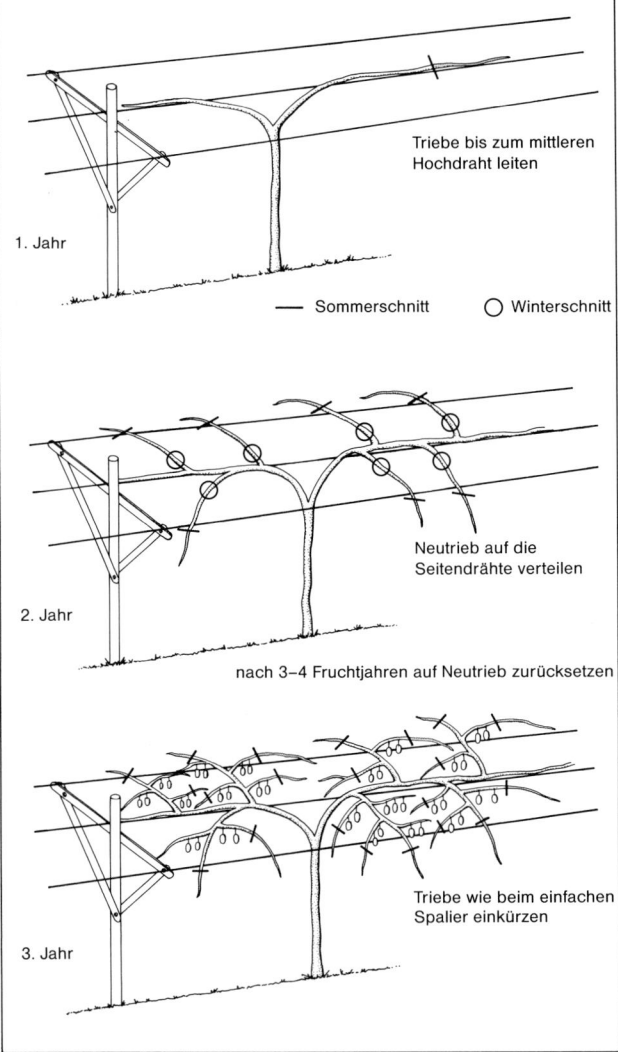

Triebe bis zum mittleren
Hochdraht leiten

1. Jahr

—— Sommerschnitt   ○ Winterschnitt

Neutrieb auf die
Seitendrähte verteilen

2. Jahr

nach 3–4 Fruchtjahren auf Neutrieb zurücksetzen

Triebe wie beim einfachen
Spalier einkürzen

3. Jahr

Erziehung und Schnitt am T- oder Jochspalier. Ein Leittrieb wird entlang des mittleren Hochdrahtes geführt. Neutriebe werden jeweils auf die Seitendrähte verteilt. Nach drei bis vier Fruchtjahren schneidet man jeweils auf Neutriebe zurück.

Fächerspalier

Wer keinen Wert auf einen Stamm legt, sondern mehrere Triebe von unten belassen möchte, muß trotzdem von vornherein eine Auswahl der Leittriebe treffen. Für den Aufbau kommen nur kräftige Äste in Frage. Alle anderen müssen gleich entfernt werden, da sie für eine Fruchtproduktion nicht geeignet sind. Man formiert die Äste schräg aufwärts an die Drähte wie einen Fächer. Mehr als 6 Äste, die zu Leittrieben ausgewählt werden, sollen nicht belassen werden, weil dann das Spalier nicht mehr übersichtlich bleibt. Der weitere Aufbau ist gleich wie bei der Erziehung an dem vorher beschriebenen Normalspalier. Der Schnitt bei einem Fächerspalier gestaltet sich etwas schwieriger, weil er je nach Wuchsstärke zum größten Teil in der oberen Region der Kiwi-Pflanze ausgeführt werden muß. Dagegen ist das Beiheften leichter, da alle Triebe mehr oder weniger nach oben wachsen. So wird auch die Bruchgefahr bei den Ästen im Winter geringer. Die Triebe müssen nicht so weit nach unten auf die ersten Drähte umgebogen werden. Ein Fächerspalier wird leicht kopflastig. Eine Verkahlung der unteren Astpartien läßt sich wegen der zu starken Beschattung durch die großen Blätter nicht vermeiden. Bei der Ernte sitzen die Früchte zumeist gehäuft in den oberen Etagen, somit ist auch dies neben dem Schnitt eine gewisse Erschwernis.

Wandspalier

Für ein Wandspalier am Haus muß man eine größere Fläche zur Verfügung haben, damit sich die Kiwi-Pflanzen ausdehnen können. Dieses Spalier benötigt einen hohen Schnittaufwand, denn einige Triebe beginnen sehr bald zu schlingen. Sie stören den eigentlichen Aufbau. Am günstigsten ist eine glatte Mauerfläche ohne Unterbrechungen durch Türen oder Fenster. Bei sehr starkem Wachstum sind die Triebe am Spalier so zu lenken, daß es auch in späteren Jahren keine Beeinträchtigung der Fenster gibt. Zwischen einem Haupttrieb und dem Fenster sollte ein Mindestabstand von 1,5 m vorhanden sein. 1,80 bis 2 m sind noch günstiger, weil sich die Pflanzen mit den fruchttragenden Seitenästen besser entwickeln können. Diese Abstände sind bereits bei der Pflanzung zu berücksichtigen.

Nach der Pflanzung wird der vorgesehene Haupt- oder Mitteltrieb am Spalier angeheftet und auf eine Höhe von 50 bis 70 cm gestutzt. Der Aufbau eines kleinen Stammes erscheint sehr zweckmäßig, die Bodenbearbeitung läßt sich leichter durchführen. Die nachfolgend wachsenden Jungtriebe werden an der untersten Querstange des Spaliers waagrecht angeheftet. Der zweite Trieb verläuft entgegengesetzt, um auch hier die beste Wandgarnierung für die kommenden Jahre aufzubauen. Auf diesen Hauptleitästen wachsen neue Triebe heran, sie werden senkrecht an der Spalierwand angeheftet. Die Bindearbeiten sind in kurzen Abständen zu wiederholen. Wird das stufenweise Anheften zu lange versäumt, ist kaum mehr ein geordneter Aufbau möglich.

Im August bis September werden die Triebe auf etwa 1 m eingekürzt. Im Frühjahr (März) werden sie noch einmal in ihrem Wachstum eingegrenzt und auf 1 bis 2 Augen über den letztjährigen Fruchtansatz zurückgeschnitten. Bei Ästen ohne Fruchtbesatz kann man 3 bis 4 Augen belassen. Die jungen Triebe müssen immer wieder befestigt werden. Im Herbst nimmt man sie wieder zurück, denn nur so wird das Wachstum einigermaßen begrenzt. Kiwis fruchten an den Basalaugen des Jahrestriebes, ähnlich wie die Weinrebe.

Bilden sich an den eingekürzten Ranken an der Spitze erneut Triebe, werden diese rechtzeitig ganz entfernt, sonst wird das Spalier zu unübersichtlich.

Wer ein höheres Spalier in mehreren Etagen heranziehen möchte, muß sich einen weiteren Leitast heraussuchen, der die Basis für die nächste Aufbaustufe bildet. Danach können die fruchttragenden Seitenäste weitergezogen werden. Der verhältnismäßig scharfe Schnitt – immer wieder auf Zapfen – gewährleistet eine gleichmäßigere Fruchtbildung und ein stetiges Verjüngen der Pflanze. Nachdem die Fruchtstiele bei der Ernte an der Pflanze belassen werden, ist eine Orientierung für den weiteren Schnitt einfach.

Bei einem Wandspalier muß auch die männliche Pflanze miteinbezogen werden. Wer sie nicht direkt mit an die Mauer pflanzen will, kann sie in unmittelbarer Nachbarschaft an eine andere Halterung davor anbringen. Sie stört dann mit ihrem fast immer stärkeren Wachstum nicht die eigentlichen Spalieraufbau der weiblichen Pflanzen. Außerdem kann die männliche Pflanze nach der Blüte stark gestutzt werden. Auf eine Formierung braucht man nicht zu achten.

An einem Wandspalier streben alle Triebe dem Licht zu. Daher ist im Laufe der Vegetationszeit eine ständige Kontrolle des Wachstums erforderlich. Mehrmaliges Beiheften der Ersatztriebe ist notwendig, um sie im Winter bei der Formierung an dem Gerüst zur Verfügung zu haben. Nicht benötigte Äste werden gleich entfernt.

Gegen Spätfröste muß man auch bei einem Hausspalier eine Abdeckung vorsehen. Geeignet sind Stroh- oder Schilfmatten. Auf keinen Fall darf undurchlässige Kunststoffolie verwendet werden. Die kalte Temperatur und die Feuchtigkeit stauen sich darunter. Daher können die Gefrierschäden schlimmer ausfallen als im Freiland.

Pergola – Laubengang

Eine Pergola, sei es als Laubengang oder als Überdachung einer Veranda genutzt, erfreut sich steigender Beliebtheit. Wahrscheinlich auch wegen der geringen Anziehungskraft für Schädlinge im Vergleich zu anderen rankenden Pflanzen. Die Kiwis haben bei solchen Erziehungssystemen wesentlich mehr Platz für ihre Entwicklung und Ausbreitung als an einem Wandspalier eines Gebäudes, wo nur eine Seite für das Wachstum zur Verfügung steht.

Die Pflanzen werden mit einem kleinen Stamm angezogen. Die seitlichen fruchttragenden Leittriebe sind ebenso zu behandeln wie an dem einfachen Spalier. Einige Seitentriebe des oberen Gerüstastes werden zur Bedeckung der Pergoladecke benutzt. Sie werden zu Hauptästen herangezogen und übernehmen die Leitfunktion für die weite-

ren Fruchtäste. Die Seitentriebe bringen Früchte hervor, die von dem verbindenden Deckenspalier in den Laubengang hineinhängen.

Bei der Pergola-Erziehung gestalten sich nur die Schnittarbeiten an den senkrechten Wänden einfach. Wesentlich arbeitsaufwendiger sind sie bei der Dachkonstruktion. Die nicht für die Fruchterzeugung benötigten Triebe müssen gleich entfernt werden. Man muß diese Schnittmaßnahmen hauptsächlich von oben durchführen, denn von der Unterseite kommt man nur sehr schwer an die zum Licht strebenden Triebe heran. Außerdem können die herabhängenden Früchte verletzt werden. Durch das Blätterdach muß noch genügend Licht fallen, um die Früchte nicht im Schatten heranwachsen zu lassen. Deshalb wird schon beim Aufbau darauf geachtet, daß die großen Abstände zwischen den Drähten einen lockeren Aufbau ermöglichen.

Veranda-Überdachung

Für eine Veranda-Begrünung oder zur Verschönerung einer Gartenlaube eignen sich Kiwi-Pflanzen ebenfalls gut. Bei einer Veranda darf die Decke nicht massiv sein, denn sonst würden die Früchte auf der Abdeckung liegen bleiben und bei zu starker Sonneneinstrahlung Hitzeschäden bekommen, bis zur Verbrennung der ganzen Kiwi. Außerdem wird die Ernte der Früchte erschwert.

Am vorteilhaftesten sind Stützbalken mit einer Drahtverspannung. Sie müssen so stabil konstruiert sein, daß sie das schwere Astgerüst lange Jahre tragen können.

Meist schneidet man die Pflanzen nur in den ersten Jahren bis auf das Fruchtholz zurück. Später wird gelegentlich ausgelichtet, bis sich die Pflanze selbst überlassen bleibt und nur noch in die Höhe ausweichen kann. Sie umschlingt

Die reifenden Früchte machen bereits Appetit auf die Ernte im Herbst.

die eigenen Äste und bildet ein Gerüst mit vielen unfruchtbaren Trieben. Ein lange Jahre unkontrollierter Pflanzenwuchs führt zwangsläufig zu kleineren Früchten mit geringeren Qualitäten.

Gelegentlich muß die Ernte sogar von einem oberen Stockwerk aus erfolgen. Die Abbildung auf dieser Seite zeigt eine derartige Veranda-Überdachung mit reichlichem Fruchtansatz.

Weitere Kulturmaßnahmen

Bodenbedeckung – Unkrautbekämpfung

Wie bei jeder anderen Kultur wird auch bei den Kiwis die sorgfältige Beseitigung der Unkräuter erforderlich. Am wenigsten gut ist es für Kiwis, sie direkt in Gras zu setzen, weil bereits die oberste Bodenschicht die Nährstoffe abfängt, die dann nicht bis zu den Kiwi-Wurzeln gelangen können (s. Seite 40).

Viel gefährlicher noch ist das Gras oder Unkraut als Wasserkonkurrent. Die Kiwis reagieren darauf sofort mit einem Wachstumsrückgang. Nicht nur die Pflanze selbst, sondern auch die heranwachsenden Früchte sind davon betroffen. Sie bleiben wesentlich kleiner, wenn sie nicht zusätzliche Wassergaben erhalten.

Am günstigsten wirkt sich eine gute Bodenbedeckung mit organischer Substanz im Bereich der Wurzelzone zur Unterdrückung des Unkrautwuchses aus. Eine Abdeckung muß so hoch sein, daß keine unerwünschten Pflanzen durchwachsen können. Bereits bei der Bodenvorbereitung achtet man genau darauf, daß alle Wurzelunkräuter beseitigt werden.

Als bodendeckendes Material eignet sich eine Strohauflage, die mindestens 20 cm hoch aufgebracht werden muß. Rindenmulch oder Rasenschnitt eignen sich ebenfalls als Bodenschutz. Von Kompost ist dringend abzuraten, da er auch bei bester Pflege viele Unkrautsamen enthält. Damit zieht man sich eine neue Unkrautflora heran. Besser, man zerschneidet die Unkrautpflanzen in kleine Stücke und läßt sie als Mulch-decke liegen. Wurzelstücke müssen ausgesondert werden, damit sie nicht wieder anwurzeln und weitertreiben können wie z. B. bei Quecken (vgl. Seite 40).

Vor Samenflug kann man sich bei länger stehenden Kulturen nicht absolut schützen. Die Beseitigung der jungen Keimlingspflanzen ist im Anfangsstadium sehr einfach. Durch flaches Hakken wird gleichzeitig der Boden gelokkert. Diese Arbeit unterbricht zugleich die Bodenkapillaren und wirkt somit der Verdunstung des Wassers entgegen.

Sind mehrere Kiwi-Pflanzen vorhanden und ist unbedingt eine Grasnarbe als Bodendeckung zwischen den Reihen erwünscht, darf in unmittelbarer Nähe der Kiwi-Pflanzen kein anderer Pflanzenwuchs stören. Ein freier, 50 bis 60 cm breiter Streifen entlang der Pflanzen soll eingehalten werden. Bei einer Zwischeneinsaat vom Gras muß während der Wachstumzeit die Wasserversorgung gesichert sein, sowohl für das Gras als auch für die Kiwi-Pflanzen. Ein erhöhter Wasserverbrauch ist nicht zu vermeiden.

Chemische Unkrautbekämpfung

Hat man nur wenige Kiwi-Pflanzen im Garten, ist die Anwendung von chemischen Unkrautvernichtungsmitteln nicht notwendig. Mit solchen Mitteln kann sogar Schaden angerichtet werden, sei es durch unrichtige Dosierung oder verkehrte Spritztechnik. Unkrautbekämpfungsmittel können auf Kiwi-Blättern Schäden verursachen.

Bei größeren Anlagen kann eine Unkrautvernichtung in unmittelbarer Pflanzennähe oder eine Streifenbehandlung unter genauer Einhaltung der Vorsichtsmaßnahmen durchgeführt werden.

Häufig erfolgt so eine Behandlung vorbeugend, um die unerwünschten Pflanzen nicht zu üppig werden zu lassen. Jedoch kann eine noch so gut betriebene Vernichtung des Unkrautes mit chemischen Mitteln vor oder nach dem Austrieb eine vernachlässigte Bodenpflege nicht wieder gutmachen. Bei einer Bekämpfung kommt es sehr darauf an, wann sie erfolgt, denn davon hängt der Wirkungsgrad der Bekämpfung ab. Generell hängt es von den Wirkstoffen ab, ob man bereits vor der Keimung, im Keimblattstadium, im frühen Jugendstadium spritzt oder erst die ausgewachsene Unkrautpflanze bekämpft.

Obgleich man viele Unkräuter bereits mit Kalkstickstoff bekämpfen kann, heißt es gerade bei den Kiwis, von diesem sonst so brauchbaren Mittel Abstand zu nehmen, weil der zu hohe Kalkgehalt viel mehr Schaden als Nutzen anrichten kann. Ätzmittel oder Kontaktherbizide können nützlich sein, wenn sie nur eine kurze Wirkungsdauer besitzen. Mit einer späteren Wiederbegrünung muß gerechnet werden.

Verwendete Wuchsstoffmittel in normaler Konzentration gegen eine Verunkrautung greifen nur breitblättrige, zweikeimblättrige Unkräuter an, dagegen keine Gräser. Wuchsstoffmittel bewirken oft eine Veränderung des Pflanzenwuchses mit Stengelverdrehungen, Verdickungen von Pflanzenteilen sowie Verkrüppelungen der ganzen Unkraut-

pflanze bis zu ihrem Eingehen. Bei unachtsamer Anwendung können dieselben Auswirkungen auf den Kiwi-Pflanzen folgen.

Ernte und Lagerung

Ab der Blüte wird jeder Kiwi-Besitzer immer ungeduldiger auf die Ernte warten, je sichtbarer seine Kiwi-Frucht heranwächst. Wenn es für diese subtropischen Früchte besonders günstige Witterungsverhältnisse bis zum Herbst gab, kann man mit einem guten Ertrag rechnen. Nachdem die Blüte erst Ende Mai bis Juni erscheint und zu dieser Zeit keine Fröste mehr zu erwarten sind, muß man nachfolgend mit 5 Monaten Wachstumszeit rechnen. Somit fällt die Ernte in den Oktober bis November. Diese lange Reife ist auch einer der begrenzenden Faktoren für den Kiwi-Anbau. In Gebieten mit zeitigen Frühfrösten muß mit einer schlechteren Ausreife gerechnet werden. Die Lagerung würde sich dann von selbst erledigen.

Erntezeitpunkt

Die Haltbarkeit beginnt mit der Ernte. Es ist bei Kiwis gar nicht so einfach, den richtigen Erntezeitpunkt zu bestimmen, weil die Früchte am Strauch verhältnismäßig lange fest bleiben. Je wärmer die vorangegangenen Monate waren, um so früher kann geerntet werden. Die sortentypische Reifezeit ist zu berücksichtigen. So werden auf begünstigten Standorten die Sorten 'Abbott', 'Monty' und 'Bruno' früher reif als 'Hayward'. Trotzdem ist auch hier mit einer Ernte nicht vor Ende Oktober zu rechnen. Bei 'Hayward' kann sich die Ernte bis Mitte November hinziehen.

Werden Kiwis zu früh abgenommen, bleiben sie unreif und schmecken überhaupt nicht. Eine Lagerung mit der Hoffnung auf eine Nachreife ist bei unterentwickelten Kiwis sinnlos.

Kommt im November ein leichter Frost von 0 bis −1 °C, so schadet er nicht. In dieser Zeit dürfen die Früchte aber nicht angefaßt werden. Man wartet einige Tage, bis der Frost vorüber ist. Die Blätter fallen nach den niedrigen Temperaturen vorzeitig ab. An den nachfolgenden frostfreien Tagen wird abgeerntet.

Die Kiwi-Früchte werden behutsam angefaßt, jeder unnötige Druck ist zu vermeiden. Man kann den Stiel direkt oberhalb der Frucht abschneiden. Eine andere Möglichkeit ist das Abnehmen, indem der Zeigefinger an der Trennschicht einen leichten Druck ausübt. Die Frucht wird etwas angehoben und so abgenommen. Ein mitgeernteter Fruchtstiel kann in dem Erntegefäß oder der -kiste die Nachbarfrüchte verletzen.

Die Früchte werden zunächst in Flachsteigen oder andere niedrige Kistchen ohne scharfe Kanten gelegt. Eine Papiereinlage kann die Druckstellen abmindern. Möglich ist ein Auspolstern mit Holz- oder Papierwolle.

Kiwis werden einzeln geerntet und weggelegt, auch wenn es sich anbietet, mehrere Früchte oder ganze Fruchtbüschel auf einmal in die Hand zu nehmen. Sie würden unnötig aneinander gedrückt, und das wirkt sich auf die spätere Haltbarkeit aus.

Am Trieb verbleiben die Fruchtstiele, sie sind ein wertvoller Hinweis für den kommenden Winterschnitt. Man kann sich an ihnen orientieren, wo Fruchtholz vorhanden war und wo welches zu erwarten ist. Beim Winterschnitt sind einzelne kräftige Fruchtstiele ein Zeichen für weibliche Pflanzen, während an den männlichen Pflanzen noch ein Teil der vertrockneten Blüten oder büschelweise dünne Blütenstiele hängen.

Für den Eigenbedarf sollten die Kiwis in flachen Kisten höchstens zweilagig einsortiert werden, damit das Fruchtfleisch bei beginnender Reife keinen Druck erfährt. Es kann sein, daß die untere Frucht früher reif ist. Auf diese Weise ist auch eine bessere Kontrolle möglich.

Wenn auch der Handel große Container für die Kiwis zur Selbstbedienung benutzt, sollte der Gartenbesitzer von hohen Gefäßen Abstand nehmen. In Containern angebotene Kiwis sind nicht für die Lagerung gedacht, sondern nur für den Absatz der Frischware. Bei Hartreife ist so eine Transportart im Großen durchaus möglich, aber bei Eßreife sind die Verluste zu hoch. Da jede Frucht aus dem eigenen Garten kostbar ist, sollten Kiwis wie rohe Eier behandelt werden.

Reifebestimmung

Eine Methode der Reifebestimmung ist der Daumendruck. Wenn das Fruchtfleisch etwas nachgibt, die Frucht aber insgesamt noch fest ist, kann geerntet werden. Natürlich muß man an mehreren Früchten probieren und im Abstand von einigen Tagen diese Probe wiederholen. Es gehört sehr viel Fingerspitzengefühl dazu.

Eine andere Möglichkeit kann der Farbumschlag der Schale sein. Unter dem Haarfilz hellt die Fruchthaut auf. Der Reifezeitpunkt ist von der Sorte und von jährlichen und monatlichen Schwankungen des Standortes abhängig. So kann die Ernte um 14 Tage – früher oder auch später – vom langjährigen Mittel abweichen.

Mitbestimmend für den Pflücktermin ist auch die Art der Lagerung. Wer die Früchte kurz nach der Ernte genießen will, kann die Erntezeit länger hinausschieben. Wer eine Langzeitlagerung anstrebt, muß früher ernten, damit die Kiwi-Früchte eine Nachreife durchmachen, wie sie sonst am Strauch abläuft. Gleich bei der Ernte sind alle verletzten und angefaulten Früchte auszusortieren. Nur einwandfreie Kiwis eignen sich für die Aufbewahrung.

Lagerung

Die ideale Kühltemperatur liegt konstant bei 0 °C und einer relativen Luftfeuchtigkeit von 90 bis 95 %. Bei der Kiwi beginnt der Gefrierprozeß des Fruchtfleisches bei −1,5 °C. Um dem schnellen Schrumpfen entgegenzuwirken, muß diese hohe Luftfeuchtigkeit angestrebt werden. Über 95 % kommt es leicht zu einer Schimmelbildung an den Früchten. Während der Lagerzeit ist auf eine möglichst gleichmäßige Temperatur zu achten. Schwankungen, vor allem nach oben, verringern die Haltbarkeit. Bei konstant 0 °C können Kiwis 6 Monate und länger aufbewahrt werden.

In 3 Monaten Lagerzeit verlieren sie bei optimalen Bedingungen weniger als 1 % ihres Gewichtes. Verändert sich die Temperatur nur um einige Grade nach oben und wird die Luftfeuchtigkeit geringer, steigt der Gewichtsverlust stark an. Bei einem Verlust von 3 bis 4 % des Gewichtes fängt die Frucht zu schrumpfen an und wird vorzeitig weich. Dieser einmal eingeleitete Reifeprozeß läßt sich nicht mehr rückgängig machen. Bei 4 bis 5 °C wird eine Lagerzeit von 2 bis 3 Monaten erreicht.

Die Kühlschranktemperatur wäre geeignet, könnte man Schwankungen durch das Öffnen der Tür vermeiden. Für Kleinstmengen ist die Alternative das Gemüsefach, es wird weniger oft geöffnet. Weiterhin kann man Kiwis in einem Folienbeutel aufbewahren, jedoch darf er nicht ganz fest verschlossen sein, um eine gewisse Sauerstoffzufuhr zu gewährleisten. Bei 1 kg Früchten empfehlen sich 2 bis 4 Einstiche in den Folienbeutel mit der Nadel (Stopfnadel, Büroklammer usw.). Die Folienhülle schützt außerdem vor Fremdgerüchen.

Größere Kiwi-Mengen müssen gesondert gelagert werden, denn die Kiwis werden durch das abgegebene Ethylengas von Äpfeln oder Birnen stark beeinflußt. Wer die Reifung beschleunigen möchte, braucht also nur einige Kiwis mit einem Apfel oder einer Banane in einer Plastiktüte bei Zimmertemperatur liegen lassen.

Eßreife Früchte können bei Normaltemperatur einige Tage aufgehoben werden. Wenn sie am Stielende zu schrumpfen beginnen, sind sie überreif oder wurden zu früh geerntet und sind dann ungenießbar.

Sorten

Unter den Kiwi-Sorten der *Actinidia chinensis*-Arten gibt es keine so große Auswahl an Sorten wie bei den meisten anderen Obstarten. Der Ursprung der Kiwisorten liegt in Neuseeland. Die vorhandenen Sorten sind alles Zufallssämlinge von Aussaaten. Der bereits eingangs erwähnte Baumschuler Bruno Just aus Nananratu in Neuseeland war von Anfang sehr darum bemüht, die Kiwi bekannt zu machen (s. Seite 8). In seiner Baumschule zog er Kiwi-Sämlinge heran und pflanzte sie zur Beobachtung in Reihen auf. Als diese Pflanzen Früchte trugen, wählte er die besten Sämlinge aus, um sie zu vermehren. Um die Verbreitung zu beschleunigen, verkaufte er Pfropfreiser. Da alle diese Sämlinge kein einheitliches genetisches Material waren, konnte schon hier der Grundstock für verschiedene Sorten gelegt werden. Meist beschränkte sich früher die Beschreibung auf die Bezeichnungen für die Frucht: groß, klein, rundlich, lang, schmal. Erst 1958 wurden die zahlreichen Kiwi-Anlagen überprüft und die künftigen Sortennamen ausgewählt und veröffentlicht.

Heute versucht die Züchtung, die Neigung einiger Sämlingspflanzen, an einem Stiel mehrere Früchte zu bilden, weiter zu entwickeln. Bei männlichen Pflanzen kommt es sehr häufig vor, daß sich ein Blütenstiel mit mehreren Blüten verzweigt. Bei weiblichen Pflanzen kommt eine Mehrbeerigkeit durchaus vor. Wenn man die Sämlinge auswählt, an denen die Kiwi-Frucht traubenartig wächst, macht man sicher einen richtigen Schritt in Richtung einer höheren Flächenproduktivität.

Wenn auch die Fruchtgröße der mehrtraubigen Kiwis wesentlich kleiner als bei den Marktsorten ist, so werden die Minikiwis immer beliebter. Nicht nur für den Hausgebrauch, auch als Schalenware (Nischenproduktion) finden sie zunehmend Käufer.

Weibliche Pflanzen

Hayward

Für die Marktbelieferung erfüllt vorläufig nur die Sorte 'Hayward' die Ansprüche der Verbraucher, weil sie im derzeitigen Sortiment die größten Früchte besitzt. Sie wurde 1920 als Zufallssämling von Hayward R. Wright in Auckland/Neuseeland entdeckt und 1930 dem Handel zugeführt. In den ersten Jahren hatte sie die Sortenbezeichnung 'Chico', bevor sie mit dem endgültigen Namen 'Hayward' bekannt wurde.

Die Frucht ist groß, etwa 100 g schwer, breitoval und an den Längsseiten etwas abgeflacht. Der Querschnitt erscheint mehr oval als rund. Die Schale ist hell grünlichbraun und dicht mit sehr feinen seidigen, kurzen Haaren bedeckt. Das Fruchtfleisch ist sehr saftig und von ausgezeichnetem, feinsäuerlichen Geschmack, hervorragend in der Qualität und dem Aroma. Die 'Hayward' blüht etwas später als die anderen Sorten und somit ist die Ernte erst im November zu erwarten. Die Pflanzen wachsen mittel bis stark, ihr Wuchs ist weit ausladend. Man muß dieser Sorte einen Mindestpflanzabstand von 4 m geben, um die schlingen-

Deutschland). Wenn auch die Frucht gegenüber 'Hayward' etwas kleiner ist, so übertrifft sie mit ihrer Erntemenge im Durchschnitt der Jahre alle anderen Kiwi-Sorten.

Wenn die Kiwis im Selbstversorgergarten nur für den eigenen Verzehr bestimmt sind, spielt die Größe sowieso eine eher untergeordnete Rolle. Deshalb sollte diese Sorte bevorzugt werden, zumal sie auch keinen so großen Standraum benötigt wie 'Hayward'. 'Abbott' wächst zwar kräftig, aber ein Pflanzabstand von 3,5 m reicht in den meisten Fällen aus.

Allison

Weniger bekannt dürfte bei uns die Sorte 'Allison' sein. Sie wurde 1920 als Zufallssämling entdeckt und wie die anderen 1930 dem Handel zugeführt. In Palmerston North sind die Originalpflanzen bei Bruno H. Just gewachsen. Es ist eine sehr fruchtbare Kletterpflanze mit

den Triebe nicht zu stark einzuengen. Dichte Pflanzungen der 'Hayward' liefern geringere Erträge. Sie sind bei zu engem Stand nicht so widerstandsfähig und treiben sich gegenseitig in die Höhe, um genügend Licht zu bekommen.

'Hayward' ist die Sorte mit dem besten Geschmack und der besten Qualität. Trotz etwas geringerer Erntemengen gegenüber anderen Sorten ist sie wegen ihrer Fruchtgröße am bekanntesten.

Abbott

Bei 'Abbott', die auch als Zufallssämling um 1920 in Neuseeland entdeckt wurde ist nicht genau bekannt, ob sie von Hayward R. Wright aus Auckland oder von B.H. Just von Palmerson North 1930 eingeführt wurde.

Die Frucht ist gleichmäßig, etwas länglich, aber nicht so groß wie 'Hayward'. Die Schale ist bräunlich und die Behaarung dichter, länger und weicher als bei 'Bruno'. Das Fruchtfleisch ist heller grün, sehr saftig und wohlschmeckend.

Mit ihren guten Lagerungseigenschaften ähnelt sie 'Allison'. Mit der frühen Blüte erreicht sie eine um 14 Tage frühere Reifezeit (Ende Oktober in

'Monty' entwickelt häufig sehr viele Früchte, darunter leidet die Fruchtgröße. Die Frucht erscheint etwas kantig.

Unten: Die Frucht von 'Bruno' ist groß und zylindrisch. Die Sorte bringt zahlreiche, dann aber kleinere Früchte hervor.

gleichmäßig geformten, länglichen Früchten, die 'Abbott' ähnlich sind, nur etwas schlanker und dadurch länglich wirkend. Das leicht grüne Fruchtfleisch ist gut. Die Früchte lassen sich auch gut lagern. Während die Blüte etwas später als die der 'Abbott' erscheint, reift sie Anfang November in Deutschland. Durch ihre Ähnlichkeit mit der 'Abbott' kann sie leicht verwechselt werden. Eine mögliche Unterscheidung besteht in der Blüte, denn die breiten überlappenden Blütenblätter kräuseln sich an den Rändern.

Bruno

'Bruno' weicht in ihrem Erscheinungsbild von anderen Sorten stark ab und ist deshalb von allen anderen sofort zu unterscheiden. Sie wurde von B. H. Just als Zufallssämling in Palmerston North ausgelesen und 1930 weiterempfohlen.

Ganz auffällig ist die lange große, zylindrische Frucht mit einer dichten, kurzen, aber borstigen Behaarung. 'Bruno' blüht nach 'Allison' und reift Anfang November in Deutschland. Bei der beachtlichen Fruchtbarkeit kann ein ausgewachsener Strauch über 1000 Früchte tragen. Allerdings geht die hohe Ernte auf Kosten der Fruchtgröße. Bei sehr starkem Blütenbesatz und anschließendem Fruchtbehang muß ausgedünnt werden. Der Geschmack von 'Bruno' erreicht nicht die Güte der anderen Sorten. Bei längerer Lagerung läßt das Aroma nach.

Monty

Als Zufallssämling wurde 'Monty' erst 1957 von Bruno H. Just aus Palmerston eingeführt. Es ist eine sehr fruchtbare Sorte, die dazu neigt, zu viele Früchte anzusetzen. Wie bei 'Bruno' muß auch bei 'Monty' mit dem Sommerschnitt eine Fruchtzahlverminderung erfolgen,

sonst läßt die Fruchtgröße sehr zu wünschen übrig. Sie blüht ähnlich spät wie 'Hayward', nämlich Mitte Juni. Wenn diese Sorte zu blühen beginnt, ist die Blüte bei 'Abbott' bereits vorbei. Sie wird Anfang bis Mitte November reif. Die Frucht ist gleichmäßig geformt, etwas länglicher und manchmal erscheint sie leicht kantiger als 'Allison' oder 'Abbott'. In der Fruchtgröße und Form ist sie 'Abbott' am ähnlichsten. Die Schale ist bräunlich mit dichter Behaarung, das Fruchtfleisch hellgrün.

Männliche Pflanzen

Bei den männlichen Pflanzen gibt es schon Selektionen wie z. B. die Sorten 'Tomuri', 'Matua' und 'Nostino'. Man hat festgestellt, daß nicht alle männlichen Pflanzen gute Pollenqualitäten besitzen. Sie haben oft eine abweichende Blütezeit, so daß keine ausreichenden Befruchtungserfolge erzielt werden. Bei einem sogenannten Allzweckbefruchter liegt vielfach eine schlechtere Keimfähigkeit vor. Die Pollenqualität ist mit entscheidend für eine gute Befruchtung.

Für die Sorten 'Hayward' und 'Monty' ist die männliche Selektion 'Tomuri' ein guter Befruchter, weil sie auch mit der späteren Blütezeit übereinstimmt. Der Pollenspender 'Matua' ist eine früher blühende Varietät, die für 'Bruno', 'Abbott' sowie 'Ambrosia' und 'Maki' benutzt werden kann. 'Nostino' ist eine winterharte Befruchtersorte für die neueren Sorten der Argutakiwis. Manche männliche Sämlingspflanzen haben einen kümmerlichen Wuchs, obgleich sie im allgemeinen viel stärker wachsen als die weiblichen Sorten.

In der Kiwi-Anpflanzung ist es nicht nur wichtig, von jedem Geschlecht im entsprechenden Verhältnis Pflanzen zu haben, sie müssen auch in der Blütezeit zusammenpassen. Trotz folgernder Blüte bei den männlichen Kiwis und dadurch langer Blütezeit ist auf Übereinstimmung zu achten. Es kommt durchaus vor, daß die männlichen Pflanzen zwittrig erscheinen. Sie haben dann einen verkümmerten Strahlengriffel, eine Andeutung einer Narbe. In keinem Fall konnte bis jetzt eine Fruchtbildung an den männlichen Pflanzen beobachtet werden. Wie für die selbstfruchtbaren Sorten gilt auch hier das Verhältnis 7 bis 8 weibliche zu 1 männlichen Pflanze.

Das neue Kiwi-Sortiment

Das Kiwi-Sortiment konnte durch Neuzüchtungen und Auslesen vor allem mit *Actinidia arguta*-Formen (grüne Kiwi) wesentlich erweitert werden. Durch Einkreuzungen ist es gelungen, die Winterfestigkeit zu erhöhen, so daß jetzt auch in klimatisch ungünstigeren Gebieten ein Kiwi-Anbau möglich ist.

»Minikiwis« erfreuen sich zunehmender Beliebtheit. Je nach Ursprung unterscheiden sich die Früchte der neuen Kiwiselektionen in Größe und Schalenbeschaffenheit. Sie variieren von Stachelbeer- und Walnußgröße bis zu den bekannten *A. chinensis*-Formen. Einige Arten sind glattschalig, sie können grün- oder rotschalig sein, ihr

Fruchtfleisch rötlich oder ganz rot. Die Früchte sind zwar klein (3,5 bis 6 g, *A. arguta*-Formen bis 10 g), haben aber einen guten, süßen, aromatischen Geschmack. Gegenüber den üblichen Handelsformen haben sie einen noch höheren Vitamin-C-Gehalt. Die Ernte ist etwas aufwendiger. Bei verschiedenen Sorten können 20 bis 50 kg je Strauch geerntet werden.

Da die neuen Sorten alle winterhart sind, ist nur der junge Austrieb gefährdet. Schon geringe Frühjahrsfröste können die jungen, zarten Blätter schädigen. Alle Sorten benötigen ein Gerüst.

Auf der Suche nach bestimmten Sorten, kann der PPP-Index von Anne und Walter Erhardt (Verlag Eugen Ulmer, 3. Auflage 1997) eine große Hilfe sein.

'Weiki'

'Weiki' stammt aus einer *A. arguta*-Selektion. Sie wurde unter sehr ungünstigen Klimaverhältnissen auf ihre Winterhärte geprüft. Selbst strenge Winter bis –30 °C schaden nicht. Die Pflanze ist anspruchslos und gedeiht in jedem Garten. Ein stabiles Rankgerüst ist erforderlich, denn der Kletterstrauch wird etwa 2 bis 3 m hoch. Der Pflanzabstand beträgt 2 m. Ab dem 3. Standjahr kann im Oktober die sehr vitaminreiche, walnußgroße, glattschalige Frucht geerntet werden. Pro Pflanze kann im Vollertrag mit 5 kg und mehr gerechnet werden.

'Ambrosia'

Diese schwach bis mittelstark wachsende Sorte heißt auch 'Jumbo Verde'. Sie hat große grüne, glattschalige, sehr ansprechende vitaminreiche Dessertfrüchte. Die süßsäuerlichen Beeren können direkt vom Strauch gegessen werden. Für klimatisch ungünstige Standorte geeignet.

'Issai'

Die selbstfruchtbare *A. arguta*-Form hat 2 bis 3 cm große, walzenförmige, glattschalige, grüne Früchte mit gutem Aroma. Die Reifezeit liegt ab Mitte September. Sie fruchtet bereits nach 2 bis 3 Jahren. Schwacher Wuchs. Nur für optimale Standorte.

'Red Beauty'

'Red Beauty' ähnelt der Sorte 'Weiki', aber die zylindrischen Früchte färben sich stärker rot. Sie sind 3 cm groß und

hängen traubenförmig am Strauch. Die stark belaubte 'Red Beauty' wächst sehr kräftig.

'Maki'

Eine interessante Varietät von 'Red Beauty' mit rot ausgefärbten Früchten von 2 bis 3 cm Länge. Die Fruchtbarkeit ist sehr gut, die Früchte süß mit starkem Aroma. Man kann sie auch mit Schale, direkt vom Strauch essen.

'Starella'

Diese Selektion stammt aus einem Trieb der Sorte 'Abbott' (*A. chinensis*), der starken Frost überlebt hat. Im Vollertrag können sehr hohe Erträge (40 bis 50 kg je Pflanze) erzielt werden. Ende Oktober sind die 5 bis 6 cm großen, walzenförmigen, aromatischen, leicht behaarten Früchte erntereif. Es ist eine auf unser Klima ausgerichtete, starkwüchsige und sehr winterfeste Kiwi-Sorte von hohem Wert.

'Starella'

'Jenny'

Ende Oktober bis Anfang November reift diese winterharte, selbstfruchtbare *A. chinensis*-Sorte. Die Sorte entstand aus einer spontanen Mutation eines Triebes mit zwei verschiedenen Blüten. Die Weitervermehrung erfolgte über Meristemkultur. Wintertemperaturen bis –20°C schaden nicht, aber Frühjahrsfröste gefährden den Austrieb. Die Früchte sind klein und sehr schmackhaft. Ein Nachteil gegenüber den angebotenen glattschaligen Kiwi-Sorten ist die Fruchtbehaarung. Die Pflanze ist sehr anspruchslos. 'Boskoop' ist selbstfruchtbar und größer als 'Jenny'.

Weitere winterharte Sorten sind die kräftig wachsende 'Miss Green' mit mattgrünen, leicht rötlich gefärbten, süßsäuerlichen Früchten. Sie eignet sich zum Frischverzehr und für die Verarbeitung. 'Clamony' hat graugrüne, glatte, saftig aromatische Früchte, die traubenartig an einem stark wachsenden Strauch hängen. Eine sehr süße, wenig aromatische, mattgrüne und sonnenseits etwas gerötete Frucht hat die unter den *A. arguta*-Formen kleinste Sorte 'Kokuwa'.

'Actinidia Solo' ist eine schnellwachsende, reichtragende, zweihäusige *A. chinensis*-Art, die der Sorte 'Hayward' ähnelt.
'Oriental Delight' liebt sonnige, geschützte Lagen. Die mittelgroße Frucht ist behaart und selbstfruchtbar.
A. kolomikta-Selektionen werden noch geprüft. Sie eignen sich für schattige Standorte, besitzen mehr Zierwert.

Vermehrung

Wer als Gartenbesitzer den Kiwi-Anbau betreiben möchte, will sicher eines Tages die Vermehrung der Kiwi selbst ausprobieren. Gleich von vornherein sei gesagt, daß es sowohl bei eigenen Anzuchten als auch beim Zukauf von Pflanzen zu negativen Ergebnissen kommen kann. Die Vor- und Nachteile werden hier aufgezeigt.

Generative Anzucht

Ohne Probleme gelingt die Kiwi-Anzucht aus Samen, jedoch ist sie die am wenigsten geeignete. Man weiß nie, welche genetischen Kombinationen in den Erbanlagen vorhanden sind. Zwei Verwendungsmöglichkeiten bieten sich für die Kiwi-Pflanzen aus Sämlingsnachkommenschaften an.

Erstens die Unterlagenanzucht für die spätere Veredlung mit bekanntem Reisermaterial und zweitens die Züchtung neuer Sorten, die nach Auslesen mittels anderer Vermehrungsarten in den Handel kommen.

Letzteres war der Grundstein für die Kiwi-Kultur in Neuseeland. In Samenanzuchten lassen sich Pflanzen aller nur denkbaren Varianten finden. Natürlich kann ein Gartenbesitzer auch solche Auslesen selbst durchführen. Er muß nur sehr viel Geduld haben und eine große Fläche Land, um alles gut Gewachsene aufzupflanzen.

Für die Anzucht aus Samen werden gut ausgereifte Kiwi-Früchte ausgedrückt und die Samen ausgewaschen. Noch einfacher geht es im Mixer. Nach kurzem Pürieren gibt man das Mus in ein größeres Glas und wäscht die Samen aus. Unbrauchbare Samen schwimmen an der Wasseroberfläche, sie werden entfernt. Das leichtere Fruchtfleisch ist soweit zerkleinert, daß es ebenfalls mit weggeschüttet werden kann. Zurück bleiben die schwereren Samen. Nachdem das restliche Wasser durch ein Sieb abgeschüttet wurde, können die Samen dünn auf ein Lösch-(Saug-)papier ausgelegt werden. Falls noch anhaftende Fruchtfleischreste vorhanden sind, werden sie mit auf das Vliespapier gestrichen. Je nach Temperatur sind sie bis zum nächsten Tag abgetrocknet. Sie werden abgerubbelt und in einem Glasgefäß mit luftiger Gazeabdeckung bis zum Stratifizieren oder Aussäen trocken aufbewahrt. Zweckmäßigerweise gibt man auch in das Glas eine Saugunterlage, falls noch nicht alle Feuchtigkeit entfernt war. Bei zuviel Feuchtigkeit kann es bei der Aufbewahrung zur Schimmelbildung kommen.

Stratifikation

Um eine bessere Keimung zu bekommen, führt man eine Stratifikation durch. Dazu werden die Samen, bevor sie ausgesät werden, einige Tage unter Luftabschluß in den Kühlschrank gestellt bei +4 bis 6 °C. Einige Stunden in der Tiefgefriertruhe oder im Frostfach genügen auch. Mit dieser Methode soll die Keimruhe gebrochen werden. Sinnvoll ist eine Stratifikation, wenn die Herkunft der Samen nicht bekannt ist. Ausgereifte Samen müssen nicht unbedingt vorbehandelt werden, man kann sie gleich zur Aussaat verwenden.

Aussaat

Im Februar oder März kann der trockene Samen direkt in kleine Saatschalen ausgesät werden. Das Pflanzsubstrat muß sehr locker und feinkrümelig sowie frei von Krankheiten sein. Die Samen werden dünn mit Erde abgedeckt und mit einer Glasplatte oder Folie für die ersten Tage bis zum Auflaufen verschlossen. Nach der Keimung wartet man noch einige Tage, dann kann die Abdeckung entfernt werden.

Wenn die Pflanzen 4 bis 6 cm lang sind, werden sie in kleine Töpfe oder Multitopfplatten pikiert. Es ist auch weiterhin auf eine gute Feuchtigkeit zu achten. Zu starke Sonneneinstrahlung ist auf jeden Fall zu vermeiden. Nach dem Abhärten der jungen Kiwi-Pflanzen nach 2 bis 3 Monaten können sie im Abstand von 40 mal 15 cm auf ein Freilandbeet gepflanzt werden.

Ein Verpflanzen erfolgt 1 Jahr nach der Keimung im Februar bis März auf eine gut vorbereitete Freilandfläche. Der Pflanzabstand beträgt jetzt 40 bis 50 cm mal 1 bis 1,2 m. Für ein besseres Anwachsergebnis sollten die Wurzeln und Triebe um die Hälfte gekürzt werden.

Eine andere Möglichkeit besteht im Umtopfen in Foliencontainer, um die Pflanzen als Zwischenstufe bis zum endgültigen Auspflanzen stehen zu lassen. Es kommt nur darauf an, daß sie gut durchwurzeln, um an Ort und Stelle gleich weiterwachsen zu können.

Bei der Sämlingsanzucht ist zu bedenken, daß männliche und weibliche Pflanzen noch nicht unterschieden werden können. Männliche Kiwi-Pflanzen wachsen bereits als Pikierlinge stärker. Naturgemäß werden sie als erste Pflanzen herausgenommen, weil die Hoffnung besteht, schneller kräftige Pflanzen zu bekommen. Die fast immer schwächeren weiblichen Pflanzen kommen daher in geringerer Anzahl weiter. Deshalb werden als Sämlinge oft mehr als 70% männlicher Pflanzen weiterkultiviert. Aus diesem Grund erscheint die Sämlingsanzucht für den privaten Garten als nicht praktikabel. Dazu kommt, daß man bei Sämlingen mehrere Jahre auf die Blüten warten muß, um zu wissen, ob sie männlich oder weiblich sind. An den Blättern ist eine Unterscheidung bei Sämlingen nicht möglich.

Nur für die Züchtung und die Produktion von Veredlungsunterlagen gibt es positive Seiten der Vermehrung aus Samen. Man kann diejenigen Nachkommenschaften heraussuchen, die dem erwünschten Zuchtziel am nächsten kommen, und weiterkultivieren.

Kältetest

Es besteht die Möglichkeit, die Sämlinge von ausgewählten Kreuzungspartnern einem Kältetest zu unterziehen, um mehr frostfreie Formen für die Zukunft zu bekommen. Dazu benötigt man eine sehr große Anzahl von Sämlingen. Bei Bestehen des Kältetestes können diese Sämlingspflanzen für entsprechende Nachzuchten weiterkultiviert werden.

Krankheitstest

Ein anderer, nicht minder wichtiger Aspekt besteht in dem frühzeitigen

Geeignete Methoden für die Veredlung. Sie wird im Winter durchgeführt und gelingt im Gegensatz zur Sämlingsvermehrung auch in unseren Breiten. Die gebräuchlichste Methode ist die Kopulation. Die Schnittstellen müssen genau aufeinander passen.

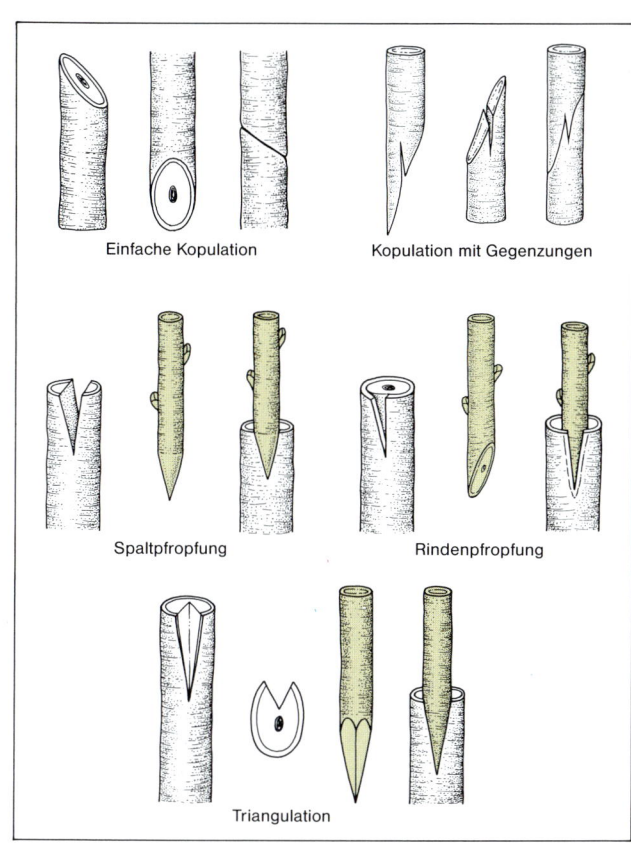

Einfache Kopulation

Kopulation mit Gegenzungen

Spaltpfropfung

Rindenpfropfung

Triangulation

Herausfinden von Krankheitsanfälligkeiten und Resistenzen bei Kiwi. Naturgemäß muß die Züchtung dem Anbau immer einen Schritt voraus sein. Sämlinge haben eine sehr starke genetische Variabilität, dies betrifft beispielsweise den Fruchtbarkeitsbeginn, die Fruchtformen der Geschlechter, die inneren Qualitäten und natürlich auch die Krankheitsanfälligkeit.

Vegetative Anzucht

Im Gegensatz zu der generativen Anzucht aus Samen sind die Methoden der vegetativen Vermehrung auch bei uns durchaus praktikabel. Bei der xenovegetativen Vermehrung können alle Veredlungsarten mit mehr oder weniger Erfolg angewandt werden, wie die einfache Kopulation, die Kopulation mit Gegenzungen, die Triangulation oder die Okulation. Welche Form für eine Weitervermehrung bevorzugt wird, hängt letztlich vom Veredler ab.

Einfache Kopulation

Am leichtesten ist die einfache Kopulation durchzuführen. Dazu müssen die

Unten: Die Vered-
lung wird bei Kiwis
kurz über dem
Wurzelhals ausge-

führt. In jedem Fall
muß die Vered-
lungsstelle gut
verbunden sein.

Rechts: In der
Schattenhalle
wachsen Jung-
pflanzen für eine

Erwerbsanlage
heran. Von Anfang
an brauchen die
Kiwis eine Stütze.

1 bis 2 Jahre vorher angezogenen Sämlinge im Februar bis März etwa bleistift-
stark sein. Man treibt sie am besten 3 bis
4 Wochen vor der Veredlung im Gewächshaus an, um die Saftzirkulation
anzuregen.

Die Unterlage muß die gleiche Stärke
haben wie das ausgewählte Pfropfreis.
Man kann das Pfropfreis unmittelbar
vor der Veredlung von einem Freiland-
strauch im Februar bis März schneiden
oder das Veredlungsreis wird im vorangegangenen Spätherbst auf drei Augen
zugeschnitten. Bis zur Pfropfung wird
es bei 5 bis 7 °C, etwas feucht, kühl und
dunkel im Sand oder Torfmoos *(Sphagnum)* aufbewahrt.

Bei der Kopulation müssen die
Schnittstellen genau aufeinander passen.

Durch den starken Saftdruck der Unterlage klebt das Propfreis beinahe von
selbst auf der Unterlage fest. Der aus-
tretende Saft ist klebrig. Trotzdem ist
sorgfältiges Verbinden notwendig.

Kopulation mit Gegenzungen

Die zweite Möglichkeit besteht in der
Kopulation mit Gegenzungen. Bei den
Kopulationsreisern wird eine zusätzliche Kerbe eingeschnitten, um einen
besseren Halt zu erzielen.

Auch hier ist die genaue Anpassung
der Propfpartner zu beachten. Sie wird
ebenfalls im Februar bis März durchgeführt.

Triangulation

Weniger bekannt ist die Triangulation,
auch Geißfußpfropfung genannt. In die
Unterlage wird ein Spalt eingekerbt
und das zugespitzte Pfropfreis in die
Kerbe eingepaßt.

Bei allen drei Veredlungsverfahren ist
auf glatte Schnittstellen und genaue
An- bzw. Einpassung zu achten, damit
das Zusammenwachsen schnell erfolgt.

Veredlungshöhe

Die Höhe der Veredlung richtet sich
nach dem Verwendungszweck. Meist
wird sie kurz über dem Wurzelhals
durchgeführt.

In Neuseeland werden die Unterla-
gen gleich an Ort und Stelle gepflanzt
und bei Erreichen der Veredlungshöhe
von 1 bis 1,5 m gepfropft.

Dieses Freilandpfropfverfahren ist
nur bei optimalen Standortbedingungen möglich.

In Europa dagegen wird die Verede-
lung unter geschützten Bedingungen
durchgeführt.

Okulation

Wenn die Winterveredlung nicht gelingt, bleibt die Möglichkeit der erneuten Veredlung im Sommer mittels der Okulation. Sie erfolgt im August bis Anfang September und wird 10 bis 15 cm über der Erdoberfläche durchgeführt. Man braucht dazu eine Knospe des Mittelteiles von einem gut ausgereiften Trieb. Mit einem T-Schnitt kann das Auge hinter die Rinde eingesetzt werden. Anschließend wird mit Bast verbunden und mit Baumwachs abgedichtet. Für eine Okulation muß die Unterlage mindestens 2jährig sein. Das Anwachsrisiko ist groß, weil eine längere Wärmeperiode erforderlich ist. In unserem Klima fehlen oft die notwendigen hohen Temperaturen, vor allem in der Nacht. Daher ist letztlich die Möglichkeit gering, einen Frostschaden durch eine Okulation zu beheben.

Eine große Schwierigkeit besteht bei allen Veredlungen darin, daß in unseren Breitengraden das Edelreis in den ersten 1 bis 2 Jahren am Standort oft erfriert, sofern kein genügender Winterschutz um die veredelte Stelle angebracht wurde.

Wenn der Frost das Pfropfreis vernichtet hat, treibt fast immer die stärker wachsende Sämlingsunterlage mit all ihren unbekannten Eigenschaften aus.

Autovegetative Vermehrung

Mehr Aussicht auf positive Ergebnisse gibt es bei der autovegetativen Vermehrung durch Steckholz, Absenker und Wurzelschnittlinge. Falls die Voraussetzungen eines Labors und Anzuchtraumes gegeben sind, ist die Gewebekultur die sicherste Methode, einwandfreies Pflanzmaterial zu erhalten.

Im allgemeinen zählen zu der Steckholzvermehrung die Grün- und Halbgrünstecklinge, Steckhölzer und Wurzelschnittlinge. Von Mai bis September werden die Grün- und Halbgrünstecklinge gewonnen. Die vegetativen Triebe sollten mindestens 2 bis 3 Blätter besitzen, 10 bis 20 cm lang und 3 bis 8 mm stark sein. Für eine Anzucht von nur wenigen Pflanzen stoßen die weiteren Behandlungen auf einige Schwierigkeiten. Die unter einem Nodium eingekürzten Triebe müssen für eine bessere Bewurzelung in eine Auxinlösung getaucht werden. Anschließend werden sie in ein steriles (entseuchtes) Bewurzelungssubstrat gesteckt und im Gewächshaus weiterkultiviert. Die

Pflanzen dürfen nicht austrocknen. Eine Sprühnebelvorrichtung erscheint sinnvoll.

Zu beachten ist die Bodentemperatur von 22 bis 24 °C. Sie kann durch eine beheizbare Bodenmatte unter dem Bewurzelungssubstrat erreicht werden. Nach gut 2 Monaten können die bewurzelten Stecklinge im Frühbeetkasten oder kaltem Gewächshaus frostfrei überwintert wrden.

Steckhölzer

Normale Steckhölzer mit 2 bis 3 Nodien werden vom Spätherbst bis zum Januar gewonnen. Die unbeblätterten verholzten Triebe steckt man bis zur obersten Knospe ebenfalls in ein feuchtwarmes (22 bis 24 °C) keimfreies Vermehrungssubstrat. Es empfiehlt sich das vorherige Tauchen in eine Auxinlösung. Nach 2 bis 3 Monaten können etwa 50 % bewurzelt sein. Die Weiterkultur läuft genauso ab wie bei den Grün- oder Halbgrünstecklingen.

Es kommt sehr häufig vor, daß bei den Bewurzelungsverfahren mit Steckhölzern eine extrem große Kallusbildung einsetzt, ohne die erwünschte Wurzelbildung. Durch die vorhandenen Reservestoffe in den Trieben treiben noch die Blätter und sogar Blüten aus. Da keine Wurzeln vorhanden sind, verwelken die Blätter und vertrocknen.

Wurzelschnittlinge

Aus Wurzelschnittlingen können ebenfalls Kiwi-Pflanzen herangezogen werden. Zu Beginn der Vegetationsperiode werden Stücke von 5 bis 10 cm Länge

und 2 bis 3 mm Dicke ausgegraben und in ein steriles Bewurzelungssubstrat gelegt. Man bedeckt sie mit 1 bis 2 cm Erde. Nachdem die Triebe einige cm gewachsen sind, werden sie ins Freiland umgepflanzt. Voraussetzung dafür ist die Auswahl geeigneter Mutterpflanzen. Außerdem ist es schwierig, die richtigen Wurzelstücke zu finden und sie dann unter klimatisch gleichmäßigen Verhältnissen zum Treiben zu bringen.

Wurzelpfropfung

Ein Pfropfreis von 10 bis 15 cm Länge wird auf eine ganze Wurzel oder ein Teilstück aufveredelt. Man pfropft im Winter und setzt die Pflanzen im Frühjahr in die Baumschule. Bei der Pfropfung entsteht eine starke Kallusbildung, die für eine Bewurzelung hinderlich ist. Deshalb wird diese Veredlungsmethode nur selten durchgeführt.

Ableger – Absenker

Diese Vermehrungsart ist sehr umständlich und gelingt nur zu einem geringen Prozentsatz, obgleich aus Asien gute und zuverlässige Ergebnisse berichtet werden.

Zu Beginn der Vegetationsperiode werden gleich unterhalb der Internodien die Triebe eingekerbt. Der Schnitt muß offen gehalten werden. Man bedeckt den Trieb mit Erde, die Triebspitze bleibt frei.

Eine andere Möglichkeit ist das Einwickeln mit *Sphagnum*-Moos. Es wird zusätzlich mit einer Folie geschützt, damit die Feuchtigkeit erhalten bleibt. Wenn sich an der verletzten Schnitt-

'Weiki' ist eine
interessante, beson-
ders frostharte
Züchtung aus
Weihenstephan.

stelle Wurzeln gebildet haben, können sie von der Mutterpflanze abgetrennt und für das weitere Wachstum aufgeschult werden.

Eine weitere Möglichkeit besteht in der hügeligen Abdeckung der bodennahen Triebe. Beide Verfahren sind sehr arbeitsaufwendig und nicht zuverlässig. Die optimalen klimatischen Voraussetzungen mit Wärme und Feuchtigkeit sind bei uns im Feiland zu großen Schwankungen ausgesetzt.

Meristem

Am aufwendigsten und teuersten ist die Kiwi-Vermehrung über die Meristemkultur, weil ein Labor und Kulturräume mit speziellen Beleuchtungs- und Befeuchtungseinrichtungen vorhanden sein müssen, in denen steril gearbeitet werden kann. Die Nährmedien müssen auf die Pflanzenart abgestimmt sein. Unter genau kontrollierten Bedingungen wachsen die Pflanzen heran. Sie müssen öfter auf ihren künstlichen Medien umgesetzt werden, bevor an ein Auspflanzen im Freiland gedacht werden kann. Trotzdem wird auch bei den Kiwi an der Vermehrung durch Meristemkultur intensiv weitergearbeitet, weil man nur durch diese Methode ein einwandfreies Pflanzmaterial erhält. Für den Freizeitgärtner ist eine solche Vermehrung nicht möglich; sie bleibt Spezialbetrieben vorbehalten.

Mikrovermehrte Pflanzen haben eine längere Jugendphase, sie fruchten erst nach 4 bis 5 Jahren, Stecklingsvermehrte bereits nach 1 bis 2 Jahren.

Krankheiten und Schädlinge

Wie bei jeder anderen Obstkultur gibt es auch bei der Kiwi Krankheiten und Schädlinge. Es ist nur die Frage, in welchem Ausmaß damit gerechnet werden muß, wenn eine Sonderkultur im Vergleich zu dem üblichen Plantagenanbau anderer Obstarten in vereinzelten Stückzahlen vorhanden ist.

Ein Schädling oder Schaderreger muß für seine Entwicklung eine ausreichende Nahrungsgrundlage vorfinden, sonst wandert er ab. Dies gilt vor allem für die artspezifischen Schädiger einer Kulturart. Ein Befall mit Gelegenheitsschädigern läßt sich nie ganz ausschließen, er ist kaum einmal wichtig zu nehmen. Natürlich können auch Verluste durch Schädiger verursacht werden, die sonst auf anderen Kulturpflanzen vorkommen. Sie sind nur dann überhaupt zu beachten, wenn eine gewisse Schadschwelle überschritten wird und sie bei anderen Pflanzen ihren Entwicklungsrhythmus gestört sehen. Da ein Befall in den Jahren unterschiedlich hoch sein kann, wird man sie nicht als spezielle Schädiger der Kiwis betrachten.

Zu jeder Entwicklung der Tiere, Pilze und Bakterien gehört eine geeignete Umwelt. Wird diese verändert, so kann die Lebensgrundlage so lange gestört sein, bis eine Anpassung stattgefunden hat. Bei Pflanzen anderer Regionen und Standorte, wie bei der Kiwi, ändert sich auch die Schädlingspopulation. Wenn ein Schädling an höhere Temperaturen und Luftfeuchtigkeit gewöhnt ist, wird er vornehmlich in diesem Klimaraum seinen Entwicklungszyklus vollenden wollen. Besteht keine zwingende Notwendigkeit, wird er ein Überwechseln in kältere Regionen möglichst vermeiden. Andererseits ist auch die Anpassung eines Organismus in kühleren Standorten gegeben, wenn dieser z. B. viel Feuchtigkeit zum Überleben benötigt.

Die Kiwi wird immer als krankheitsresistent angepriesen. Dies wäre in der Tat ein sehr wünschenswerter Zustand. Er ist jedoch bis jetzt bei keiner Kulturpflanze gelungen. Kiwis wachsen in Europa im allgemeinen in klimatisch günstigen Gebieten und dort werden sie auch nicht von einem Befall verschont. In Deutschland gibt es auf günstigen Standorten im Vergleich zu anderen Obstkulturen nur wenige Kiwi-Pflanzen. Deshalb sind sie als Nahrungsgrundlage für die Hauptschädiger, wie man sie in Neuseeland kennt, wenig interessant. Trotzdem bleiben Kiwi-Pflanzen nicht verschont vor dem Befall mit sogenannten Kosmopoliten, Schädlinge und Schaderreger, die überall zu finden sind.

Sollte sich die Kiwi-Kultur in nördlicheren Breiten weiter ausdehnen, muß zwangsläufig mit einem Schädlingsbefall gerechnet werden. Wenn es der Züchtung wiederum gelingt, resistentere Pflanzen zu erzielen, wird sicher der Anreiz steigen, Kiwis anzupflanzen. Es ist trotz aller scheinbaren Widerstandsfähigkeit der Kiwi-Pflanzen gegenüber Schaderregern notwendig, auf einen möglichen Krankheitsbefall hinzuweisen, um spätere Schäden zu vermeiden oder rechtzeitig Gegenmaßnahmen zu ergreifen.

Eine Einschleppung von Schädigern aus Übersee oder den südlichen Anbaugebieten ist nicht auszuschließen. Meere und Ländergrenzen sind kein Hindernis für Schädlinge und Krankheiten bei weltweiten Importen. Es ist bekannt, daß in Italien und Frankreich die Kiwis im Plantagenanbau nicht frei sind von Schaderregern. So wird es nur eine Frage der Zeit sein, bis diese in nördlichere Gebiete übergreifen.

Tierische Schädlinge

Nematoden

Verschiedene Nematodenarten können an Kiwis schädlich werden. Hier sind vor allem die Wurzelnematoden gemeint, die oft bereits mit den Jungpflanzen eingeschleppt werden. Die nur im Mikroskop oder unter der Lupe sichtbaren winzigen Nematoden sind besser an ihrem Schadbild zu erkennen. An den Wurzeln befinden sich Verdickungen in Form von Gallen oder Zysten. Nematoden breiten sich besonders stark aus, wenn Pflanzen gleicher Art mehrere Jahre am gleichen Standort vermehrt werden. Ohne entsprechende gründliche Bodenentseuchung in den Vermehrungsbeeten kann es zu solchen Wurzelschäden kommen. Die Kiwi-Pflanze wird durch die Saugtätigkeit der Nematoden geschwächt. So kann die Wurzel ihre Aufgabe als Wasser- und Nährstofflieferant für die Pflanze nicht in ausreichendem Maße erfüllen. Ein Kümmerwuchs ist die Folge. Während die Ranken von Jungpflanzen im ersten Jahr 2 bis 3 m lang werden, bleiben sie bei einem Nematodenbefall wesentlich kürzer. In den Ertragsjahren ist bei Kiwis eine Behandlung mit Bodenentseuchungsmitteln nicht mehr möglich.

Blatt- und Schildläuse

Eine größere Anzahl von verschiedenen Läusearten wurde bereits auf Kiwi-Pflanzen gefunden. Vorläufig lassen sie sich noch als Gelegenheitsschädlinge einstufen. Bei einem Befall mit Blattläusen fällt besonders unangenehm der Honig- oder Rußtau auf, der sich auf den Früchten niederschlägt und einen schwarzen, klebrigen Überzug hinterläßt.

Vor allem junge Ranken werden von Blattläusen befallen. Ihr Wachstum wird dadurch gestört. Blattdeformationen sind als Folge eines Läusebefalls möglich. Für die Kiwi-Pflanzen ist nur ein Schaden bei sehr starkem Befall zu erwarten. Vereinzelte Verkrümmungen von Trieben und Blättern sind bedeutungslos, wenn sie nur vorübergehend auftreten.

Schildläuse

Schildläuse können den Kiwis gefährlich werden, weil sie ortsgebunden sind. Sie sind sehr lästig. Zwischen den Härchen auf den Trieben und auf den Früchten erkennt man ihre weißen Schildchen. Nimmt der Befall überhand, kann es sogar zum Absterben der Triebspitzen und zu Kümmerwuchs kommen.

Zwergzikaden

Sie sind nur gelegentlich zu finden. Das Schadbild ist mit dem der Läuse vergleichbar. Es zeigen sich Blattnekrosen und rötlich verfärbte Blätter. Winzige Saugstellen sind erkennbar.

Wicklerraupen

Verschiedene Wicklerraupen verursachen gelegentlich einen Schadfraß. Zusammengesponnene Blätter sind ein weiterer Hinweis auf ihr Dasein. Manchmal ist ein Schabefraß an den Früchten vorhanden, es kommt auch vor, daß sich Raupen in die Früchte einbohren. Letzteres wird meist durch kühle Herbstwitterung verhindert.

Obstmade

In sehr warmen Gebieten kann die Obstmade als Gelegenheitsschädling an Kiwis vorkommen. Sie bohrt sich in die Früchte ein und macht sie ungenießbar.

Nagetiere

Zu den gefährlichsten Tieren für Kiwis gehören in unseren Breitengraden die Hasen und Kaninchen. Sowohl Hasen als auch Wildkaninchen können ganze Kiwi-Pflanzen zum Absterben bringen. Es ist deshalb unbedingt erforderlich, die Pflanzen vor Fraß zu schützen. Im Winter muß ein sicherer Hasenzaun vorhanden sein. Einzelpflanzen schützt man mit Drahthosen bis zu 80 (100) cm Höhe. Die vitaminreiche, weiche Rinde ist ein willkommener Leckerbissen in

Hasen und Wildkaninchen können ganze Kiwi-Pflanzen zum Absterben bringen. Ein spezieller Anstrich kann vor Fraß schützen.

der nahrungsarmen Winterzeit. Wenn der Stamm und die bodennahen Triebe ringsherum abgeschält werden, ist die Pflanze meist nicht mehr zu retten. Am Spalier müssen daher auch die unteren Äste geschützt werden.

Falls ein solcher Schaden vorgekommen ist, kann man nur hoffen, daß die Kiwi-Pflanze aus Steckholz gezogen wurde und die neuen Triebe aus dem Boden erbtreu wieder ausschlagen, damit die Pflanze neu aufgebaut werden kann.

Ist ein Fraß noch nicht stammumgreifend, kann man versuchen, die Wunden mit einem Wundwachs zu verstreichen. Zweckmäßig erscheint die Anwendung eines Wildverbißmittels, bevor ein Schaden eintritt.

Bakteriosen

Bakteriosen entwickeln sich am besten bei hohen Feuchtigkeitswerten. Es sind typische Wunderreger. Sie vermögen nur durch Wunden in das Pflanzeninnere einzudringen und verursachen dort tumorartige Gebilde.

Wurzelkropf

Der Erreger des Wurzelkropfes kann Wucherungen und nekrotische Stellen

sowohl an den Wurzeln als auch am Wurzelhals verursachen. Die Wurzel ist vor der Pflanzung genau auf eine Abnormität hin zu prüfen. Ein Befall kommt hauptsächlich in Vermehrungsbetrieben vor, wenn die phytosanitären Maßnahmen in den Anzuchtbeeten vernachlässigt wurden. Die abnormen Zellvergrößerungen lassen einen normalen Nährstoffzufluß nicht zu. So müssen die Kiwi-Pflanzen zwangsläufig in ihrem Wachstum nachlassen. Eine direkte Bekämpfung am Standort gibt es nicht, deshalb ist größter Wert auf gesundes Pflanzgut zu legen. Bei holzigen Gewächsen kann es nach einiger Zeit zur teilweisen oder vollständigen Verholzung der Geschwülste kommen.

Bakterielle Blütenfäule

Diese Krankheit kommt nicht regelmäßig vor. Sie ändert von Jahr zu Jahr ihr Erscheinungsbild. Es kann sein, daß eine Infektion bereits im Herbst stattgefunden hat. Eine Kiwi-Blüte bekommt braune Blütenblätter, sie blüht entweder gar nicht oder nur teilweise auf. Es können sowohl weibliche als auch männliche Blüten befallen werden. Die Staubgefäße einer infizierten Kiwi-Blüte werden braun, sie bleiben unterentwickelt. Bei einer nur schwachen Infektion können trotzdem Früchte entstehen. Sie bleiben klein oder sind mißgestaltet, auch wenn sie gut bestäubt wurden.

Pilzliche Krankheiten

Botrytis

In unseren Breitengraden ist ein Befall mit *Botrytis* keine Seltenheit. Dieser Pilz ist auch auf den Kiwis zu finden. Der Grauschimmel kommt hauptsächlich auf den Früchten vor. Sie können bereits am Strauch infiziert worden sein oder einen grauen Schimmelrasen erst auf dem Lager bekommen. Für einen Befall ist der Zeitpunkt der Infektion maßgebend. *Botrytis* kann schon zur Blütezeit Probleme verursachen, wenn das Wetter im Juni schwül und feucht ist. Die Blütenblätter bleiben an der heranwachsenden Frucht hängen und fallen nicht ab. Sie werden leicht vom *Botrytis*-Pilz befallen, der sich dann weiter auf der jungen Kiwi-Frucht ausbreitet. Die Früchte sind nach so einem Befall unansehnlich und wertlos.

Ebenso können die Kiwis auf dem Lager von *Botrytis* befallen werden. Meist sind die Eintrittspforten für den Pilz Risse oder Wunden, die bei der Ernte entstanden sind. Durch Unachtsamkeit kann ein mitabgenommener Stiel die Nachbarfrucht in der Kiste verletzen. Deshalb müssen die Erntearbeiten – wie schon auf Seite 76 ff. erwähnt – bei den Kiwis mit größter Sorgfalt vorgenommen werden.

Bei rauhem Kistenmaterial sind Reibstellen an den Außenwänden nicht ganz auszuschließen, die dann die Eintrittsmöglichkeiten für den *Botrytis*-Pilz bilden. Deshalb sind Erntegefäße mit glatten (Kunststoff-) oder gepolsterten Außenwänden für die Kiwi-Ernte bereitzustellen. Ist in einem größeren Ge-

Bei einem Befall mit Verticillium welken die Pflanzen in wenigen Tagen und **sterben ab. Der Pilz dringt vom Boden her ein und verstopft die Leitungsbahnen.**

binde bereits eine mit Grauschimmel befallene Kiwi vorhanden, sollte man diese sofort entfernen; denn eine weitere Ausbreitung läßt sich nicht ausschließen.

Bei einer Überlagerung wird das Zellgefüge der Kiwis locker; eventuell bekommt die Fruchthaut Risse, damit er-

höht sich ebenfalls die Anfälligkeit gegenüber *Botrytis*.

Wenn der *Botrytis*-Befall am Strauch bei den Früchten stärkere Ausmaße angenommen hat, kann es zu einem vorzeitigen Fruchtfall kommen, während es bei gesunden Kiwi-Früchten so gut wie keinen Fruchtfall gibt.

Verticillium-Welke

Ein plötzlicher Zusammenbruch der Kiwi-Pflanzen kann nach *Verticillium*-Befall festgestellt werden. Innerhalb von 2 bis 3 Tagen welken die Pflanzen ab und gehen ein. Eine Rettung ist nicht mehr möglich. Die Pflanzen sind verloren und müssen baldmöglichst entfernt werden. Wenn kein Ernährungsmangel vorliegt, der durch eine Bodenuntersuchung schnell festgestellt werden kann, liegt der Verdacht nahe, daß eine Infektion mit dem *Verticillium*-Pilz stattgefunden hat. Er kann vom Boden aus eindringen. Nach der Verstopfung der

Der Grauschimmel befällt Blütenblätter und Früchte an der Pflanze und auf dem Lager. Der Pilz tritt durch Risse oder Wunden in die Pflanze ein. Es bildet sich ein weißlicher Schimmelrasen aus.

Leitungsbahnen wird die Nährstoffzufuhr in die oberen Pflanzenteile unterbunden. Bei den großen Kiwi-Blättern ist eine stetige Nahrungs- und Wasserversorgung besonders wichtig. Unterbleibt sie durch Krankheitsbefall, bricht die Pflanze schnell zusammen. Die Blätter werden nach dem Abwelken braun und hängen noch lange am Trieb.

Phytophthora cactorum

Rindennekrosen am Wurzelhals lassen auf einen Befall mit dem *Phytophthora*-Pilz schließen. Bekannter ist vielleicht die Bezeichnung Kragenfäule. Diese Erkrankung kommt an Kiwis seltener vor. Zur Bekämpfung sind nur vorbeugende Maßnahmen bekannt. Dazu gehört eine gleichmäßige Wasserversorgung und der Schutz vor Stammverletzungen. Letzteres wird bei Frostrissen nicht ganz auszuschließen sein.

Sclerotinia

Der Befall mit *Sclerotinia sclerotiorum* wird als Rutenmehltau bezeichnet. Eine Infektion der Seitentriebe bewirkt ein Absterben oberhalb der Befallswunde. Diese kranken Ruten muß man möglichst bald ausschneiden und verbrennen. Vielfach wird ein Befall an den Früchten mit *Botrytis* verwechselt.

Blattflecken

Im Sommer oder Frühherbst erscheinen oft Blattflecken an Kiwi-Pflanzen in Verbindung mit verschiedenen Pilzen wie *Alternaria alternata*, *Glomerella* ssp., *Phoma* ssp., *Phomopsis* ssp. und

Colletotrichum ssp. Ein Befall wird besonders durch Feuchtigkeit gefördert, wenn die Blätter vorher durch Wind oder andere Einflüsse verletzt wurden. Eine starke Infektion kann bis zum Blattfall führen. Wenn die notwendige Assimilationsfläche vorzeitig entfällt, kann in der Folge eine Reduzierung der nächsten Ernte erfolgen. Früchte werden durch einen derartigen Pilzbefall ebenso geschädigt

Lagerfäulen

Kiwis bleiben vor Lagerfäulen nicht verschont. Es können verschiedene Pilze wie der bereits genannte *Botrytis*, ferner *Alternaria*, *Penicillium*, *Phoma*, *Glomerella* u. ä. vorkommen.

Sie unterscheiden sich durch verschiedenartige Färbungen des Pilzrasens von weiß über gelblich bis grünbräunlich.

Kiwi-Früchte mit einem derartigen Befall auf der Schale sind sofort von der Lagerung auszuschließen, um eine weitere Ausbreitung auf gesunde Früchte zu verhindern.

Panaschierungen

Panaschierungen kommen bei Kiwis öfter vor. Meist sind es einzelne Blätter, die verschieden geformte hellere Flecke haben. Diese Pflanzen sollten nicht weiter vermehrt werden. Es kann sich um eine genetisch bedingte Erscheinung handeln, aber sie kann auch durch einen Virusbefall entstanden sein.

Physiologische Schäden

Fruchtdeformierungen

Vielfach kommt es vor, daß der Gartenbesitzer Kiwi-Pflanzen aus Samen selbst heranzieht. Abgesehen von dem hohen Prozentsatz männlicher Pflanzen entwickeln weibliche Sämlinge oft sehr unterschiedliche Fruchtformen. Bei einer großen Auswahl von Sämlingen konnten Deformierungen beobachtet werden, die jedes Jahr wieder auftraten. Ob es sich um spontane Mutationen handelt, wurde nicht untersucht.

Zwillingsfrüchtigkeit kommt gelegentlich bei den bekannten Kiwi-Sorten vor. In jeder Saison gibt es eine mehr oder weniger große Anzahl von Zwillingsfrüchten. Sie sind auf eine Störung während der Befruchtung zurückzuführen.

Deformierungen der Fruchthaut sind als Warzen oder andersartige Hautausstülpungen zu sehen (Enationen). Tiefe Furchen oder Spalten der Fruchthaut können soweit ausgebildet sein, daß die Frucht wie ein Zwilling aussieht. Die Reifung kann gering bis sehr stark sein. Manchmal ist nur eine Andeutung einer Längseinschnürung zu sehen, oft eine

99

starke Zerklüftung. Weiterhin können
die Kiwi-Früchte eine starke Behaarung
aufweisen. Sie sehen extrem pelzig aus.
Die Fruchthaut kann auch wesentlich
dunkler gefärbt sein. Die dunkelbraune
Schale ist in ihrer Beschaffenheit lederartig und grob. Eine Veränderung der
Fruchtform von walzig-oval bis breit
auseinandergezogen und flach kommt
bei Sämlingen häufig vor.

Sind die Veränderungen nur gering-
fügig, ist dies bedeutungslos, und man
kann die Kiwi-Früchte durchaus verwenden. Bei längerem Transport können die nasenartigen Ausstülpungen
abbrechen. Es entsteht eine Wunde, die
leicht von Schimmelpilzen befallen
wird. Warzenartige Erhebungen sind
für nebeneinander liegende Früchte eine Gefahr wegen der möglichen Reibe-
stellen bis zur offenen Schalenwunde.

Abgesehen vom abartigen Aussehen
sind verunstaltete Kiwi-Früchte nicht

lange haltbar. Geriefte, lederartige
Früchte haben einen schlechten Geschmack. Die Früchte sind ohne Aroma
und oft bitter. Wenn Faulstellen dazu-
kommen, wird das Fruchtfleisch schnell
ungenießbar.

Kommen bereits an jungen Sämlingspflanzen deformierte Früchte bei der ersten Ernte vor, sollten die Kiwi-Pflanzen nicht länger stehen bleiben, sondern durch Pflanzen mit bekannter
Herkunft ersetzt werden. Die Deformierungen der Früchte tauchen auch
bei den nächsten Ernten wieder auf.

Zwillingsfrüchte beruhen auf einer Störung während der Befruchtung. Sie erscheinen in jeder Saison und bei allen Kiwisorten. Unten links: Verschieden geformte Hautausstülpungen können bei Kiwis auftreten. Sie werden als Enationen bezeichnet. Unten rechts: Tiefe Furchen oder Spalten der Fruchthaut können so stark ausgebildet sein, daß die Frucht wie ein Zwilling wirkt.

Verwendung – Verwertung

Roh genossen ist die Kiwi eine feine Delikatesse, eingeschlossen die Arten *A. arguta* und *A. kolomikta*. Bei einer eßreifen Frucht gibt das Fruchtfleisch auf Daumendruck nach. Als ein sicheres Zeichen für den richtigen Reifegrad läßt sich die papierdünne braune Schale vom Kelch bis zum Stiel abziehen, ohne daß Fruchtfleischstückchen daran hängenbleiben. Läßt sich die Fruchthaut nicht einwandfrei abziehen, so ist die Kiwi entweder noch nicht reif oder bereits überreif, je nach Konsistenz des Fruchtfleisches. Überreife Früchte beginnen an den Enden zu schrumpfen. Solche runzeligen Früchte sind ungenießbar und schmecken faulig.

Speziell Sämlingsnachkommenschaften haben eine sehr gute bis sehr schwere Schalenlöslichkeit. Es gibt bei den einzelnen Sorten alle Übergänge. Bei stark gerieften Formen ist ein glattes Abziehen der Fruchthaut durch die Furchung der Schale sehr schwierig. Wer von der Frischfrucht die Schale nicht hauchdünn abziehen möchte, kann sie quer oder längs durchschneiden und auslöffeln. Ein noch einfacheres Verfahren ist es, die Fruchthälften einfach auszudrücken. Für jede Verwendungsart muß die Kiwi geschält werden, weil die Fruchthaut nicht genießbar ist. Sie schmeckt sauer und bitter.

Die intensive grüne Farbe des Fruchtfleisches harmoniert ausgezeichnet mit anderen Früchten, vor allem mit roten und gelben Varianten wie Erdbeere, Kirsche, Ananas oder Pfirsich. Deshalb findet die Kiwi zunehmend in Konditoreien Verwendung als Dekorationsfrucht. In den Geschäften sind häufig in Sirup eingelegte Kiwi-Früchte als Naß-konserve zu finden. Sie eignen sich gleich als fertiges Kompott.

Neben der Saftgewinnung aus Kiwi-Früchten ist die Weinherstellung möglich. Nicht zu vergessen bei allen Verwendungsarten und Verwertungsmöglichkeiten ist auch der sehr fruchtig schmeckende Kiwi-Tee.

Verschiedene Verwendungsmöglichkeiten von Kiwis

Für Kiwis gibt es eine Fülle von Möglichkeiten in der Verwendung, Verwertung und Zubereitung. Im folgenden stellen wir eine Reihe von Zubereitungsarten kurz vor, bevor ab Seite 105 genauer beschriebene Kochrezepte folgen.

Braten

Geschälte und in Scheiben geschnittene Kiwis werden in etwas Fett oder im Fond von kurz gebratenem Fleisch bei 160 bis 200 °C auf beiden Seiten kurz gebraten.

Dünsten

Geschälte Kiwis werden in Scheiben geschnitten oder geviertelt und in wenig Wasser oder kochendem Wein mit Zitronensaft und Zucker bei 100 °C ganz kurz gegart, nicht länger als 5 Minuten.

Flambieren

In einer Karamelsauce in Butter, Orangensaft, Orangenlikör und hellbraunem karamelisiertem Zucker, der loskochen muß, werden Kiwi-Scheiben oder beliebig geschnittene Stückchen erhitzt, anschließend mit hochprozentigem Alkohol übergossen und angezündet.

Fritieren

Ganze, geschälte Kiwis werden in Ausbackteig (Omeletteteig) getaucht und schwimmend in heißem Fett bei 170 bis 200°C Hitze goldgelb ausgebacken.

Grillen

Auf einem gut eingeölten Grillrost kann man geschälte Kiwis bei 250 bis 300°C etwa 5 Minuten lang grillen.

Garen in Folie

Kiwi-Scheiben werden mit etwas Zitronensaft beträufelt und mit Zucker überstreut. In einer Bratfolie werden sie in einem vorgeheizten Backofen bei 200°C 10 bis 15 Minuten lang gegart.

Gratinieren

Geschälte Kiwi-Scheiben legt man in eine feuerfeste Form schichtweise ein. Eine Sauce aus Crème fraîche, Zucker, geriebenen Mandeln, Orangen und Zitronensaft wird über die Kiwi-Scheiben gegeben und bei 180°C etwa 10 Minuten lang überbacken.

Marinieren

Geschälte Kiwis werden ganz, in Scheiben geschnitten oder geviertelt, mit verschiedenen Säften wie Zitronen- oder Orangensaft, Orangenlikör oder Co-

gnac beträufelt, je nach Geschmack mit Zucker bestreut und kühl gestellt.

Trocknen

Sehr wohlschmeckend sind die säuerlichen, getrockneten Kiwi-Scheiben. Geschälte Früchte werden in 5 mm dicke Scheiben geschnitten und auf Alufolie oder Backpapier gelegt. Entweder können sie auf einem Siebeinsatz des Trockengerätes oder in der Sonne getrocknet werden. Bei ganz geringen Temperaturen und offenem Backofen kann man ebenfalls trocknen. Die zunächst fest klebenden Kiwi-Scheiben lösen sich, wenn sie trocken sind, gut ab.

Die fertigen Kiwischeiben können entweder als Erfrischung gegessen werden, oder man kann eine weitere Variante herstellen.

Vor dem Trocknen werden dem pürierten Kiwi-Mark feingehackte Hasel-, Walnüsse oder Mandeln beigemengt. Honig, Apfelstückchen, Bananenmus eignen sich ebenfalls. Getrocknet schmecken sie hervorragend.

Einfrieren

Am einfachsten ist es, die geschälten Kiwis in 6 bis 8 mm dicke Scheiben zu schneiden, mit Zitronensaft zu beträufeln und auf einer Platte einzufrieren. Sie müssen vollreif sein.

Durch den Zusatz von Zitronensaft behalten sie ihre frische, grüne Farbe und werden nicht blaß. Nach der Frostung können sie mehrere Monate in Plastikbeuteln aufbewahrt werden.

Kiwis können auch als ganze geschälte Frucht eingefroren werden, sie dürfen dann nicht zu reif sein. Nach Belieben kann Zucker in einem Anteil von 5 bis 7 % zugesetzt werden. Man sollte für einige Minuten den Saft ziehen lassen, bevor die Früchte in das Frosterfach kommen.

Eine andere Art stellt das Einfrieren mit 2 Teilen Wasser und 1 Teil Zucker dar.

Wer gern etwas gewürzte Kiwis aufbewahren möchte, kann verschiedene Gewürze wie Muskat, Nelken- oder Zimtpulver in kleinen Mengen zusetzen. Über Menge und Mischung entscheidet der eigene Geschmack.

Sorbet

Mit dem Mixer werden geschälte Kiwis püriert, mit Zucker, Apfelwein und Eischnee versetzt und in das Gefrierfach gestellt. Nach kurzer Frostung ist die Masse mehrmals gut durchzurühren und als Sorbet, verziert mit Kirschen und frischen Kiwi-Scheiben, zu servieren.

Einkochen

Es gibt sehr viele Rezepte, Kiwis haltbar zu machen und dazu gehört auch die Herstellung von Marmelade und Gelee.

Für Marmelade werden die geschälten Früchte oder das Kiwimus durchgekocht und mit Zucker sowie Geliermittel dickflüssig eingekocht. Das fertige Produkt sieht grünbraun aus.

Für Gelee werden die Kiwi-Früchte in einen Entsafter gegeben. Der Saft wird anschließend mit Zucker im Verhältnis 1:1 und mit Geliermittel eingedickt. Er sieht im Glas honiggelb aus

und schmeckt hervorragend exotisch. Um eine weitere Nuance hineinzubringen, können wahlweise Rum, Cognac oder Likör (Orangenlikör) beigegeben werden.

Hier wie bei den anderen Rezepten sind eigenen Versuchen mit neuen Geschmacksvarianten keine Grenzen gesetzt.

Kandieren

Geschälte Kiwis werden mit einem Zahnstocher oder einer breitzinkigen Gabel mehrmals eingestochen. Anschließend werden sie mit einer starken Zuckerlösung (1 kg Zucker, 0,7 l Wasser) übergossen.

Sie müssen etwas ziehen. Diesen Vorgang wiederholt man einige Male, bis die Frucht von allen Seiten überzogen ist. Sie werden auf einem Gitter getrocknet.

Besonders köstlich schmecken die kandierten Früchte, wenn über einen nicht so dicken Zuckerüberzug noch ein Schokoladen- oder Nougatmantel kommt. Dem Zucker kann auch Rum zugesetzt werden.

Frühstück, Abendessen

Kiwi-Müsli

5 El	Haferflocken
1	Banane
100 g	Kiwi
1/2	Orange
1 El	geriebene Haselnüsse
1 El	Zucker oder Honig
1/4 l	Milch

1 Portion: 2766 kJ; 661 kcal

Früchte schälen, in beliebige Stücke schneiden und mit den anderen Zutaten vermengen.

Joghurt-Kiwi-Frühstück (4 Portionen)

200 g	frische Erdbeeren
4 Tl	Zucker
4	Becher Joghurt (3,5%)
1/4 l	frischer Orangensaft
400 g	Kiwis
12 El	Cornflakes

1 Portion: 1080 kJ; 260 kcal

Gewaschene, entkelchte Erdbeeren mit Zucker pürieren, Joghurt und Orangensaft zufügen und schaumig schlagen. In 4 Portionsschalen verteilen, darauf 3 El Cornflakes streuen. Geschälte Kiwi-Scheiben auflegen und sofort servieren.
Variante: Aprikosen, entsteinte Kirschen, Himbeeren oder Heidelbeeren statt Erdbeeren.

Kiwi-Imbiß (4 Portionen)

150 ml	Schlagsahne
3 El	Meerrettich
2 El	dickes Apfelmus
	Orangenschale
1 El	Orangensaft (frisch)
400 g	Kiwis
250 g	Räucherlachs
2 Orangenscheiben, dünn	

1 Portion: 1250 kJ; 300 kcal

Steife Sahne mit Meerrettich, Apfelmus, geriebener Orangenschale und Orangensaft vorsichtig vermischen. Geschälte Kiwi-Scheiben mit Räucherlachs anrichten, Klecks Orangen-Meerrettich-Sahne hinzufügen, mit halber Orangenscheibe dekorieren.

Kiwi-Frühstück

1 Messerspitze Butter	
1 Tl	Zucker
2 El	Vollkornhaferflocken
25 g	Rosinen
100 g	Kiwi
2 El	Orangensaft
2 El	Zitronensaft
1/2	Becher Joghurt
1/2 P	Vanillezucker
2 El	geschlagene Sahne

1 Portion: 2170 kJ; 516 kcal

Haferflocken in Butter goldgelb rösten, Rosinen dazugeben, kalt stellen, geschälte Kiwi-Scheiben mit Obstsaft marinieren, durchziehen lassen. Joghurt mit Vanillezucker glattrühren, Sahne unterziehen.
Kiwi-Scheiben mit Saft im Kreis anrichten, Haferflocken in die Mitte geben und mit Joghurtcreme übergießen.

Salate

Gourmet-Salat mit Kiwi-Sauce

(4 Portionen)

400 g	Kiwis
200 g	Fenchelknolle mit Grün
150 g	Paprikaschote rot
200 g	Zucchini
150 g	Zwiebeln

Geschälte Kiwis in Scheiben schneiden, Fenchel quer in Scheiben scheiden, Grün fein hacken, Paprika in Ringe oder Scheiben schneiden, ebenso die Zwiebel. Zucchini mit der Schale in dünne Scheiben schneiden, alle Zutaten vermischen.

Sauce:

100 g	Kiwis
2 El	trockener Sherry
1 El	feines Öl (Nußöl)
1 El	Zitronensaft
1	Eigelb
4 El	Crème fraîche
1 Tl	Honig
1 Msp	Cayennepfeffer
	Salz

1 Portion: 1122 kJ; 268 kcal

Sauce: Kiwis pürieren und durch Sieb streichen. Mit Sherry, Öl und Zitronensaft verrühren. Eigelb mit Crème fraîche verrühren und dazugeben, alles schaumig rühren, mit Honig, Cayennepfeffer und Salz abschmecken. Mit den Zutaten gut durchmischen, mit dem Fenchelgrün bestreuen.
Statt Paprikaschoten kann roter Radicchio genommen werden.
Als Beilage zu kaltem Braten, Schinken oder geräuchertem Fisch.

Süß-saure Kiwi-Spalten

1,25 kg	Kiwis, fest
3/8 l	Zuckerlösung
	(3/8 l Wasser mit 175 g
	Zucker 10 Min. schwach
	kochen lassen)
1/4 l	Weinessig, hell
1 El	Senfkörner
1 El	Nelken
1	Zimtstange

insgesamt: 4940 kJ; 1180 kcal

Geschälte, in Spalten geschnittene Kiwis in Zuckerlösung etwa 5 Min. kochen. Kiwis herausnehmen und in ein Glas füllen. In der Zuckerlösung Weinessig, Senfkörner, Nelken und Zimstange kurz aufkochen und über die Kiwi-Spalten gießen.
Mindestens 24 Std. durchziehen lassen.
Als Beilage zu kaltem Fisch.

Geflügelsalat mit Kiwi

(4 Portionen) Schonkost

1000 g	tiefgefrorene Hähnchen
1 Bund	Suppengrün
	Salz
400 g	Kiwis
1 Dose	Mandarinen
2	Äpfel
2 El	Mayonnaise (80% Fettgehalt)
100 g	Joghurt (3,5%)
1 El	Mandarinensaft
	Salz, Pfeffer
4	Salatblätter

1 Portion: 1874 kJ; 448 kcal

Aufgetaute, gewaschene Hähnchen mit Suppengrün 25 Min. auf kleiner Flamme kochen. Erkaltetes Fleisch ablösen und klein schneiden. Geschälte, halbierte Kiwi-Scheiben mit abgetropften Mandarinen und Äpfeln zum Fleisch geben, abgeschmeckte Marinade aus Mayonnaise, Joghurt, Mandarinensaft, Salz, Pfeffer, Zucker, vorsichtig unterheben, auf Salatblättern 4 Portionen anrichten.

Kiwi-Eisbergsalat (4 Portionen)

1	festen Kopf Eisbergsalat
3	Mandarinen
300 g	Kiwis
50 g	Roquefortkäse
5 El	süße Sahne
1 El	saure Sahne
	Zitronensaft, Salz, Pfeffer
25 g	Haselnußblättchen

1 Portion: 840 kJ; 200 kcal

Helle Innenblätter in kleine Stücke zerteilen und mit Mandarinen- und Kiwi-Scheiben vermischt in Salatschüssel geben. Roquefort mit Gabel zerdrücken, mit Sahne und Gewürzen zu glatter Sauce verrühren, über den Salat geben und mit Haselnußblättchen bestreuen. Verwendung als Vorspeise oder als Beilage.

Herbstlicher Kiwi-Salat

(4 Portionen)

300 g	Herbstzwetschgen
4 cl	Zwetschgenwasser
12	neue (Schäl-)Walnüsse
20	frische Weinblätter
2	Orangen, unbehandelt
400 g	Kiwis
100 g	Crème fraîche

1 Portion: 1500 kJ; 360 kcal

Zwetschgen vierteln, mit Zwetschgenwasser marinieren, über Nacht kühl stellen. Walnüsse grob hacken. Gewaschene Weinblätter auf Dessertteller legen. Orangen gut reinigen, in dünne Scheiben schneiden und blütenförmig anrichten. Zwetschgen abtropfen lassen und mit den würfelig geschnittenen Kiwis vermischen und in die Mitte legen. Crème fraîche mit Marinierflüssigkeit schaumig schlagen und über den Salat ziehen, Walnüsse überstreuen.

Kiwi-Sommer-Salat (4 Portionen)

300 g	Kiwis
2	Pfirsiche
1/2	Honigmelone (300 g)
125 g	kleine Erdbeeren
125 g	Himbeeren

Sauce:

	Saft einer Zitrone
1 El	Zucker
1 P	Vanillezucker
4 El	Creme Sherry

1 Portion: 1372 kJ; 328 kcal

Geschälte Kiwi-Scheiben, abgezogene Pfirsichstückchen, Honigmelonenkügelchen oder -würfel und Erdbeeren zusammenmischen.

Soßen: Die Zutaten verrühren, abschmecken und über die Früchte gießen und 1/2 Std. durchziehen lassen. Vor dem Anrichten mit Himbeeren bestreuen, evtl. mit Sahne garnieren. Sandkuchen oder Waffeln dazu servieren.

Salate

Kiwi-Salat mit Gorgonzola-Sauce

(4 Portionen)

600 g	Kiwis
250 g	gebratene Putenbrust
1	Zitrone (unbehandelt)
	grober schwarzer Pfeffer
125 g	Gorgonzola
3 El	Crème fraîche
3 El	süße Sahne
2 El	trockener Sherry
	weißer Pfeffer, Salz
75 g	Bündner Fleisch
10	Walnußkernhälften

1 Portion: 1730 kJ; 415 kcal

Geschälte Kiwis in Scheiben schneiden, Putenbrust schneiden und auf großer Platte anrichten. Zitrone heiß abspülen, Schale in sehr dünne Streifen schneiden, mit Pfeffer bestreuen. Gorgonzola mit Gabel zerdrücken und mit Crème fraîche, Sahne und Sherry verrühren, mit Salz und Pfeffer abschmecken. Bündner Fleisch in Röllchen in der Mitte anrichten, mit Sauce übergießen und grob gehackte Walnüsse überstreuen. Als Vorspeise mit frischem Baguette reichen.

Anti-Grippe-Salat (4 Portionen)

200 g	gelbe Paprikaschoten
200 g	rote Paprikaschoten
1	Zwiebel, mittelgroß
400 g	Orangen
200 g	Äpfel
400 g	Kiwis

Marinade:

3 El	Öl
2 El	Sherryessig
5 El	Sojasauce
1 Prise	Zucker
	Salz, Pfeffer

1 Portion: 870 kJ; 207 kcal

Alle Zutaten fein schneiden oder würfeln und locker mischen. *Marinade* verrühren und über den Salat gießen.

Kiwi an Fleisch- und Fischgerichten

Schweinefilet mit Kiwi-Kruste
(4 Portionen)

600 g	Schweinefilet
	Pfeffer
20 g	Butterschmalz
200 g	Kiwis
1	Eiweiß
2 El	Semmelbrösel
abgeriebene Schale	
1/2	Zitrone
	Salz, Curry
	Cayennepfeffer
1/2 Tl	Rosmarinnadeln
1/8 l	trockener Weißwein
2 El	Crème fraîche
	Prise Zucker

1 Portion: 1510 kJ; 360 kcal

Filet mit Pfeffer einreiben in heißem Butterschmalz 6 Min. anbraten. Geschälte Kiwis mit Eiweiß und Semmelbrösel pürieren, mit den Gewürzen abschmecken. Filet mit Salz einreiben, 2/3 des Kiwipürees aufstreichen, mit Rosmarin bestreuen. Im vorgeheizten Backofen 220 °C (Gas Stufe 4) 10 Min. überkrusten. Restliches Püree aufstreichen, und Rosmarin aufstreuen, weitere 6 bis 8 Min. braten.
Bratfond mit Wein und Wasser loskochen, mit Crème fraîche sämig einkochen, mit Salz und Zucker abschmecken und durch ein Sieb gießen.

Geflügel Pie mit Kiwi (4 Portionen)

3	Scheiben Blätterteig (tiefgefroren)
500 g	Putenschnitzel
1	Zwiebel
200 g	frische Champignons
200 g	Kiwis
50 g	Butter/Margarine
	Salz, Kräuterpfeffer
3 Tl	Sojasauce
3 El	Weißwein
2 El	Crème fraîche
1	Eigelb

1 Portion: 2300 kJ; 550 kcal

Aufgetaute Blätterteigscheiben aufeinander legen, ausrollen, in eine Pieform legen, Rand überstehen lassen, kleinere Teigscheibe als Deckel zurücklassen.
Putenschnitzel in kleine Stückchen schneiden, 2 bis 3 Min. allseitig anbraten, Zwiebelwürfel dazu, kurz mitdünsten mit Gewürzen abschmecken und Crème fraîche verfeinern. Blättrig geschnittene Champignons in etwas Butter dünsten und zu dem Fleisch geben. Kiwi-Stücke unterheben und alles in die Pieform füllen und mit Teigdeckel verschließen. Mit Eigelb bestreichen und mit einer Gabel viele Male einstechen. In vorgeheiztem Backofen 20 bis 25 Min. goldgelb backen.

Kiwi an Fleisch- und Fischgerichten

Rinderfilet unter Blätterteig mit gratinierten Kiwi (4 Portionen)

750 g	Rinderfilet
1 Tl	Pfeffer
4 El	Öl
1 Tl	Salz
1 El	Butter
200 g	Blätterteig, tiefgekühlt
1	Ei
600 g	Kiwis
150 g	Crème fraîche
1 El	geriebene Mandeln
40 g	Zucker
2 El	Zitronensaft
	etwas Salz

1 Portion: 3010 kJ; 720 kcal

Filet mit Pfeffer einreiben, bei starker Hitze von allen Seiten bräunen. Nach einigen Minuten Hitze reduzieren und noch 7–10 Min. weiterbraten. Fleisch in Alufolie wickeln und kalt werden lassen. Bratfett abgießen und den Fond mit wenig Wasser, Salz und Butter verrühren. Filet 2 Stunden vor dem Essen damit bestreichen. In feuerfeste Form legen. Blätterteig dünn ausrollen und darüberdecken. Rand fest andrücken und mehrmals einschneiden. Eine Stunde kühlen, mit Ei bestreichen. Backofen 180 °C 30 Min. backen.
Geschälte Kiwis in Scheiben schneiden und in feuerfeste Form schichten. Mit Crème fraîche und übrigen Zutaten begießen. 10. Min überbacken.

Kiwi-Lammburgers (4 Portionen)

500 g	Lammfleisch (Keule)
1	Zwiebel
1	großes Brötchen (Semmelbrösel)
2	Eier
1	Knoblauchzehe
	Salz, Pfeffer, Senf
1 El	feingehackte Petersilie
1 El	feingehackter Kerbel
4 El	Paniermehl
4 El	Öl
200 g	Kiwis
50 g	Hartkäse (Chester, Emmentaler) oder
50 g	Schafskäse
4–5 El	saure Sahne

1 Portion: 2775 kJ; 663 kcal

Lammfleisch ohne Fett würfeln, anschließend mit Zwiebeln in der Küchenmaschine fein hacken. Mit eingeweichten Brötchen, Eiern und Gewürzen vermischen und abschmecken.
12 flache Bouletten in Paniermehl wenden und beidseitig grillen.
Geriebenen (mit Gabel zerdrückten) Käse mit saurer Sahne verrühren. Auf jeden Lammburger Käsemischung und eine Kiwi-Scheibe geben und nochmals kurz grillen.

Kiwi an Fleisch- und Fischgerichten

Wildsalat mit Kiwi (4 Portionen)

400 g	Wildbratenreste (Hase, Reh, Hirsch)
300 g	Bleichsellerie
2	Orangen
200 g	Kiwis
150 g	Crème fraîche

Sauce:

2 El	Sherry
	Sherryessig nach Bedarf
1	Prise Zucker
	Streuwürze, Salz, Pfeffer

1 Portion: 1590 kJ; 380 kcal

Wildbratenreste in Scheiben oder Würfel schneiden. Bleichsellerie in kleine Stücke schneiden. Orangen filieren, geschälte Kiwis in halbe Scheiben schneiden und alles vorsichtig mischen.

Sauce: Crème fraîche mit Gewürzen vermengen und über die Zutaten gießen, 1–2 Stunden durchziehen lassen.

Kiwi-Chutney mit Mandeln

1 kg	Kiwis
500 g	mürbe Äpfel
200 g	Schalotten
1	frische grüne Chillischote
1	Ingwerknolle (3 cm)
100 g	Korinthen
200 g	Zucker
1 El	Koriander
1/4 l	Weinessig, Salz
100 g	Mandelstifte

Insgesamt 10930 kJ; 2610 kcal

Geschälte Kiwis grob würfeln, Apfel in Scheiben schneiden, Schalotten und Chillischote fein hacken, Ingwerknolle fein reiben. Mit den anderen Zutaten, außer Mandeln, vermischen und 2 Std. ziehen lassen. Danach 20 Min. langsam unter Rühren zum Kochen bringen. Zum Schluß Mandelstifte noch 5 Min. mitkochen. Heiß in Gläser füllen. Haltbarkeit: 2 Monate. Verwendung zu mageren Geflügelsorten, Rinderfilet, Wildbraten u. a. m.

Lammrücken mit Kiwi-Minze-Püree

(4 Portionen)

1,5 kg	Lammrücken
	Salz, Pfeffer
250 g	große Zwiebeln
30 g	Butterschmalz
100 g	Kiwis
1 Bund	frische Minze
1 El	Zucker
2 1/2 El	Zitronensaft (frisch)
1/8 l	Weißwein
1/8 l	Wasser
1 Tl	Speisestärke
2 El	Crème fraîche (40 %)
100 g	Kiwi zur Dekoration

Lammrücken mit Salz, Pfeffer, Zwiebelringen und Butterschmalz im Bräter garen lassen 200 °C, 30–40 Min. Kiwis mit Gabel zerdrücken, Minze fein hacken mit Zucker, Zitronensaft, Salz vermischen. Bratensaft vom Lammrücken, ohne Fett, durch ein Sieb geben und in kleinerem Topf etwas einkochen lassen. Sauce mit Speisestärke binden und mit Crème fraîche verfeinern. Lammbraten mit Kiwi-Scheiben dekorieren, Kiwi-Minze-Püree extra dazu servieren.

Kiwi an Fleisch- und Fischgerichten

Putengeschnetzeltes mit Kiwi
(4 Portionen)

Teig:

1 Tasse	Mehl
1 Msp	Backpulver
1 Tasse	Wasser
600 g	Putenschnitzel
	Öl zum Fritieren
5 cm	frischer Ingwer
2	Schalotten mit Grün
100 g	kleine, ganze Champignons
10	Mandeln gestiftet
100 g	Kiwi

Sauce:

3/4 Tasse	Wasser
2 El	Reiswein (Sherry)
1 El	Sojasoße
2 El	Weinessig
2 Tl	Zucker
1/2	Würfel Hühnerbrühe, zerbröckelt

1 Portion: 2300 kJ; 550 kcal

Teig bereiten, etwas schlagen, 30 Min. ruhen lassen, vor Gebrauch erneut aufschlagen. Putenschnitzel im Teig gut vermengen, dann Fleischstücke herausnehmen und sofort goldbraun braten, auf Küchenkrepp abtropfen lassen und warm stellen.
2 El Öl erhitzen, hauchdünne Ingwerscheiben 2 Min. braten. In zweiter, sehr heißer Kasserole Champignons 4 Min. im eigenen Saft braten. Mit Schalotten, Mandeln, Kiwis zum Ingwer geben.

Sauce aus allen Zutaten anrühren, mit Kiwi-Scheiben und Gemüse kurz aufkochen und 3 Min. ziehen lassen. Putenstückchen mit Sauce übergießen und sofort mit Reis servieren.

Kiwis mit Räucherschinken
(4 Portionen)

400 g	Kiwis
100 g	Räucherschinken (Bündner Fleisch)
	Pfeffer

Geschälte Kiwis mit Schinken auf Portionsteller anrichten, mit Pfeffer übermahlen.

Seezungenfilet mit Kiwi-Sauce
(4 Portionen)

8	Seezungenfilets (je 80 g)
	Salz, Zitronensaft
50 g	Butter
	weißer Pfeffer
1/8 l	trockener Weißwein
400 g	Kiwis
1	Schalotten
	etwas Himbeeressig
1 Prise	Salz
1/8 l	süße Sahne
	etwas Currypulver
8	Lychees aus der Dose

1 Portion: 1770 kJ; 420 kcal

Seezungenfilets schwach salzen mit Zitronensaft 5 Min. ziehen lassen. Fischtopf einfetten, Filets einlegen und leicht pfeffern, mit Weißwein angießen. Topf mit gebutterter Alufolie verschließen und bei 200°C im vorgeheizten Backofen 10 Min. garen. 300 g geschälte Kiwis pürieren. Fein gehackte Schalotten in Butter glasig dünsten, mit Himbeeressig (einige Tropfen), Zucker, Salz und Pfeffer würzen und mit Kiwi-Brei vermischen.

Kiwi an Fleisch- und Fischgerichten

Abgetropfte Seezungenfilets mit Kiwi-Püree bestreichen, zusammenrollen und in eine gebutterte, feuerfeste Form geben. Sahnecurry um die Filets gießen und noch 3 Min. grillen. Mit Kiwi-Scheiben und Lychees garnieren.

Kräuterforelle in Weinaspik mit Kiwi-Dip
(4 Portionen)

4	Forellen
2 Bund	Petersilie
3/8 l	Wasser
9 El	heller Weinessig
1 1/2 El	Salz
1	Stück Schale von unbehandelter Zitrone
Saft 1/2 Zitrone	
4 Bl	Gelatine
1/4 l	herber Weißwein
1 Tl	Zucker
400 g	Kiwis
200 g	Crème fraîche
abgeriebene Zitronenschale	

1 Portion: 1732 kJ; 415 kcal

Petersilie in die Bauchhöhle der Forellen geben mit Weinessig, Salz, Zitronenschale und Zitronensaft 15–20 Min. ziehen lassen. Herausnehmen und etwas abkühlen lassen, Haut abziehen. Gelatine kalt einweichen und im erhitzten Weißwein auflösen mit Salz, Zukker, Zitronensaft abschmecken. Aspikflüssigkeit kurz vor dem Festwerden auf die Forellen verteilen. Kiwi-Fleisch hakken, Crème fraîche verquirlen, Kiwi-Mus unterheben, abschmecken. Forellen mit Kiwi-Scheiben dekorieren. Dip extra reichen.

Marinierte Baby Lobster mit Kiwi
(4 Portionen)

500 g	gekochte Baby Lobster oder rosa Garnelen
3 El	Mehl
3 El	Öl, Salz
2 El	Sultaninen
1	Zwiebel (50 g)
3 El	Öl
1/4 l	heller Weinessig
1	Lorbeerblatt
	Salz, Pfeffer
1/2 Tl	Zucker
400 g	Kiwis

1 Portion: 1381 kJ; 330 kcal

Ausgelöstes Lobsterfleisch mit Mehl überstreuen und in einer Pfanne goldgelb braten, auf Küchenkrepp abtropfen lassen. Sultaninen einweichen. Zwiebelringe goldgelb dünsten, mit Weinessig aufgießen. Gewürze hinzufügen und 2 Min. leise kochen und abkühlen lassen. Lobster mit abgetropften Sultaninen vermischen und Marinade unterziehen. 4–5 Std. in den Kühlschrank stellen. Mit Kiwi-Scheiben dekorieren.

Nachspeisen

Kiwi-Grütze mit Schlemmersauce
(4 Portionen)

500 g	Kiwis
1/4 l	Weißwein
40 g	Speisestärke
1/4 l	Apfelsaft
70 g	Zucker
1/2	Vanilleschotenmark
2 cl	Curaçao

Sauce:

150 g	Crème fraîche
4 Tl	Vanillezucker
4	Maraschinokirschen
4 El	Eierlikör

1 Portion 1630 kJ; 390 kcal

Kiwis schälen, vier Scheiben für die Garnitur zurückbehalten. Übrige Kiwis in kleine Stücke schneiden. 1/3 mit Apfelsaft, Zucker, Vanillemark kurz aufkochen und mit Speisestärke binden. Etwas abkühlen lassen und Curaçao zufügen. 2/3 kleingeschnittene Kiwis untermischen und in Schalen kalt stellen.

Sauce: Crème fraîche mit Eierlikör und Vanillezucker vermischen und auf die Kiwi-Grütze geben, mit Kirsche und Kiwi-Scheibe dekorieren.

Kiwi-Krapfen

Kiwis, Mehl, Eier, Milch, Zucker, Salz, Puderzucker, Öl zum Ausbraten

Geschälte, geviertelte Kiwi-Stückchen werden in dickflüssigen Pfannkuchenteig getaucht und in Öl goldgelb ausgebacken. Abtropfen lassen, mit Puderzucker bestreuen.

Kiwi-Reis

400 g	Kiwis
100 g	Puderzucker
2 cl	Grand Marnier
1/2 l	Vollmilch
1	Vanilleschote
120 g	Langkornreis
	Salz
50 g	Mandelsplitter
1 Tl	Butter
200 g	Sahne

Geschälte Kiwi-Scheiben mit 2 El Zukker und Grand Marnier marinieren. Milch, Vanillemark, Reis und Salz zugedeckt etwa 45 Min. auf kleinster Kochstufe quellen lassen, restlichen Zucker untermischen, kalt stellen. Mandelsplitter in Butter goldgelb rösten. Steife Sahne unter den kalten Reis heben. Abwechselnd Reis und Kiwi-Scheiben anrichten, mit Mandeln bestreuen.

Orangenring mit Kiwi (6 Portionen)

6	Orangen, filiert
10 Bl	weiße Gelatine
3/4 l	Orangensaft
	Saft einer Zitrone
5 El	Orangenlikör
2 1/2 El	Zucker
200 g	Kiwis

1 Portion: 1423 kJ; 340 kcal

Gelatine in kaltem Wasser einweichen, Orangensaft mit Zitronensaft, Orangenlikör und Zucker abschmecken. Gelatine ausdrücken, auflösen und einrühren.
Enthäutete Orangenfilets(-stücke) in eine kleine Breitrandform füllen, mit der Flüssigkeit bedecken und zum Er-

starren in den Kühlschrank stellen. Vor dem Stürzen auf einen flachen Teller kurz in heißes Wasser tauchen. Mit Kiwi-Scheiben dekorieren.

Flambierte Exoten mit Ananas-Sahne-Eis (4 Portionen)

Ananas-Sahne-Eis:

300 g	Ananas-(Vanilleeis)
100 g	Puderzucker
2 El	Zitronensaft (frisch)
100 g	Kiwi
150 g	Mango
100 g	frische Datteln
100 g	frische Ananas
100 g	Erdbeeren
40 g	Butter
3 El	Zucker
1/8 l	Orangensaft (frisch)
2 cl	Orangenlikör
2 cl	Rum (54%)

1 Portion: 2636 kJ; 630 kcal

Ananaseis pürieren, mit Zucker und Zitronensaft verrühren, steife Schlagsahne unter Ananaspüree ziehen und einfrieren. Alle 30 Min. durchschlagen.

Alle Früchte schälen, in Stücke oder Scheiben schneiden. In Flambierpfanne Butter erhitzen, darin Zucker hellbraun karamelisieren lassen (rühren), Orangensaft dazugeben, bis sich eine sämige Sauce gebildet hat.
Orangenlikör und Früchte dazugeben, erhitzen. Rum in Schöpfkelle geben, anzünden und brennend über die Früchte gießen. Gut ausbrennen lassen.
Flambierte Früchte mit Eiskugel anrichten.

Schaumomelett Nelson (4 Portionen)

500 g	Kiwis
5	frische Datteln
2 El	Maraschino
2 El	Orangensaft, frisch
1 El	Zucker
1/2 P	Vanillezucker
12	Löffelbisquits
3	Eier
100 g	Puderzucker

1 Portion: 1573 kJ; 376 kcal

Kiwis schälen, längs halbieren und quer in Scheiben schneiden, Datteln, enthäutet, entkernt und halbiert, dazugeben, mit Maraschino und Orangensaft beträufeln, Zucker und Vanillezucker untermischen. Im Kühlschrank durchziehen lassen. Flache, feuerfeste Form mit Löffelbisquits auslegen. Eiweiß zu steifem Schnee schlagen, Puderzucker und Eigelb unterheben. Fruchtmischung auf Bisquits verteilen. Eischaummasse darüberfüllen.
Im vorgeheizten Backofen bei 200°C, 12–15 Min. backen, sofort servieren.

Kiwi-Gletscher (4 Portionen)

800 g	Kiwis
2 cl	Orangenlikör
500 ml	Vanille-Erdbeer-Eismischung
1/8 l	Schlagsahne
1	Vanillezucker
4	große Erdbeeren mit Kelch

1 Portion: 1523 kJ; 364 kcal

Geschälte, in Scheiben geschnittene Kiwis mit Orangenlikör marinieren und durchziehen lassen. Kiwi-Scheiben auf Glasschalen dekorativ verteilen, die

Nachspeisen

Flüssigkeit zurückbehalten. Eiskugeln auf die Kiwi-Scheiben verteilen, die Marinade darüberträufeln. Steife Schlagsahne mit Vanillezucker in Rosetten darüberspritzen und mit einer Erdbeere dekorieren.

Harlekin-Pudding (4–6 Portionen)

1/2 P	grüne Götterspeise
1/2 P	rote Götterspeise
6 El	Zucker
1 P	Vanillepuddingpulver
1/2	Vanilleschote
3/8 l	Milch
1/8 l	Sahne
300 g	Kiwis
250 g	Aprikosen

1 Portion: 1318 kJ; 314 kcal

Götterspeise getrennt mit je 1/4 l kaltem Wasser und 2 El Zucker vermischen. 10 Min. quellen lassen. Bei mäßiger Hitze unter Rühren erwärmen. Getrennt in 2 flache, kalt ausgespülte Schalen füllen und erstarren lassen.
Restlichen Zucker mit ausgeschabtem Vanilleschotenmark und etwas Milch glatt rühren. Milch mit Sahne aufkochen und angerührtes Puddingpulver einrühren und aufkochen lassen. Kalt ausgespülte Flameriform füllen und kalt stellen. Geschälte Kiwis in Scheiben schneiden. Aprikosen pürieren.
Pudding stürzen, mit in Würfeln geschnittenen Götterspeisestückchen garnieren und Aprikosensauce darüber laufen lassen und mit Kiwi-Scheiben dicht garnieren.

Crêpes mit Kiwi und Sahne
(4 Portionen)

600 g	Kiwis
6 El	Kirschwasser oder Himbeergeist
125 g	Mehl
40 g	Puderzucker
2	Eigelb
1	Ei
1/8 l	Milch
400 g	süße Sahne
50 g	Butter
1	Granatapfel
	Butter, Puderzucker

1 Portion: 3609 kJ; 862 kcal

500 g geschälte Kiwis würfeln, 100 g in 8 Scheiben schneiden. Alles mit Kirschwasser oder Himbeergeist beträufeln. Bedeckt im Kühlschrank über Nacht durchziehen lassen.
Crêpes: Mehl und Puderzucker durchsieben, Eigelb und Ei dazugeben, Milch und 1/2 Becher Sahne unter Rühren einlaufen lassen. Zitronenschale und flüssige Butter hinzufügen und 10 Min. quellen lassen. Restliche Sahne steif schlagen, mit Granatapfelkernen und etwas Marinierflüssigkeit vermischen und in Spritzbeutel füllen.
Aus dem Crêpes-Teig 12 hauchdünne Pfannkuchen backen und zu Vierteln zusammenfalten. Mit Kiwi-Würfeln und etwas Sahne füllen, mit Puderzucker bestreuen und Kiwi-Scheiben dekorieren.

Kiwi **Super Cup** (4 Portionen)

600 g	Kiwis
1 El	Orangenlikör
1 El	Orangenkonfitüre
1/2 Tl	Vanillezucker
6 gr.	Kugeln Vanilleeis
6 gr.	Kugeln Erdbeereis

1 Portion: 951 kJ; 376 kcal

400 g Kiwis grob zerkleinern (Gabel), Orangenlikör und -konfitüre sowie Vanillezucker unterrühren. Eiskugeln in flache Stielgläser füllen, geschälte, halbierte Kiwi-Scheiben zwischen die Kugeln stecken, mit Kiwi-Sauce übergießen.

Kiwi-Orangenbecher mit Zitronenquarkcreme (4 Portionen)

400 g	Kiwis
600 g	Orangen (3 St.)
50 g	blättrige Mandeln
2 El	Zucker
2 El	Orangenlikör
1 P.	Vanillezucker
300 g	Sahnequark
1	Eigelb
3 Tl	Zitronensaft, frisch
3 El	Zucker

1 Portion: 1770 kJ; 424 kcal

Geschälte Kiwis in halbe Scheiben schneiden, Orangenfleisch dazugeben, mit Mandeln – einige zurückbehalten –, Zucker, Orangenlikör und Vanillezucker vermischen, Sahnequark mit Eigelb und Zucker glattrühren und auf die Fruchtbecher verteilen.
Mit gebräunten Mandelsplittern dekorieren und sofort servieren.

Fruchtsalat (6 Portionen)

400 g	Kiwis
150 g	Äpfel
200 g	Papaya
100 g	Banane
100 g	Ananasfruchtfleisch
100 g	Erdbeeren
	Zitronensaft
3–4 El	Puderzucker
1 P.	Vanillezucker
4 cl	weißer Rum

1 Portion: 657 kJ; 157 kcal

Alle Früchte in mundgerechte Stücke schneiden und locker vermischen. Marinade aus Zitronensaft, Puder- und Vanillezucker, Rum, über die Früchte gießen und kühl stellen.

Kiwi-Frucht-Cassata

1 l	Eiscreme
250 g	Sahne
6 cl	Sherry
10 g	Puderzucker
400 g	Kiwis
	Mandeln geröstet
	Kirschen
	Ingwerscheiben (Dose)
60 g	Schokoladenraspel

Sahne mit Puderzucker schlagen, 3 Kiwi-Früchte schälen und mitschlagen, Sherry hinzufügen, Mandeln, Kirschen und Ingwerscheiben unterheben, Eiscreme der Länge nach halbieren und mit der Creme füllen, mit Sahnetupfer und Schokoladenraspel garnieren und tiefkühlen. Vor dem Servieren mit Kiwi-Scheiben dekorieren.

Nachspeisen

Kiwi-Melone (2 Portionen)

1000 g	Honigmelone
220 g	Cocktailkirschen
200 g	Kiwis
250 g	blaue Trauben
4 cl	Rum
1 P.	Vanillezucker
Saft 1/2 Zitrone	
1	Kiwi (100 g)
2 El	Zucker
Saft 1/2 Zitrone	

1 Portion: 2272 kJ; 543 kcal

Melone zickzackförmig halbieren. Enden abflachen. Kerne entfernen, Kugeln aus dem Fruchtfleisch herausschälen. Cocktailkirschen abtropfen, geschälte Kiwis halbieren und in Scheiben schneiden. Trauben ohne Kerne mit Rum, Vanillezucker und Zitronensaft vorsichtig durchmischen. Durchziehen lassen. Restliches Melonenfruchtfleisch mit einer Kiwi pürieren und mit Zucker und Zitrone abschmecken. Früchte in die Melone füllen. Saft mit Melonen-Kiwi-Püree mischen und vorsichtig übergießen. Gut gezuckert servieren.

Gefrostetes Kiwi-Mus

In beliebiger Menge kann Kiwi-Mus, mit Schlagsahne und Zucker vermischt, eingefrostet werden. Der Nachtisch wird mit frischen Kiwi-Scheiben, einer Kirsche und Sahnetupfern dekoriert.

Kiwischaum

2 bis 3 Kiwis werden püriert, dazu kommt 250 g Schlagsahne, etwas Maraschino und Vanillezucker. Der Becher wird mit Kiwischeiben und Mandelsplittern verziert.

Kiwi-Kompott – haltbar

900 g	Kiwis
750 g	Süßkirschen
600 g	reife, feste Aprikosen
1	Vanilleschote
1 1/2	Stangenzimt
6	Gewürznelken
1 Tl	Koriander
300 g	Zucker
1 l	Wasser

insgesamt 10080 kJ; 2410 kcal

Alle Zutaten auf 3 1-Liter-Weckgläser verteilen. Die geschälten Kiwi-Scheiben abwechselnd mit Kirschen und Aprikosenstückchen einschichten. Vanilleschote, Zimt, Gewürznelken, Koriander verteilen und mit heißer Zuckerlösung bedecken.
Im Einwecktopf bei 85 °C 30 Min. erhitzen. Kompott später mit Sahne, Crème fraîche oder zu Wildgerichten servieren.

Kiwi mit Cointreau (4 Portionen)

400 g	Kiwis
6–8 cl	Cointreau
3	gelbfleischige Pfirsiche
2 El	Zucker
1 Tl	Vanillezucker
1 Prise	Nelken gemahlen
200 g	süße Sahne

1 Portion: 1480 kJ; 355 kcal

Geschälte Kiwi-Scheiben mit Cointreau übergießen, bedeckt 6–12 Std. kühl stellen, öfter begießen. Enthäutete, entsteinte Pfirsiche mit Zucker und Vanillezucker pürieren. Nach und nach Marinierflüssigkeit untermischen und mit Nelkenpulver abschmecken. Steife Sahne mit Kiwi-Cointreausaft würzen, auf Desserttellern Kiwi-Scheiben mit Pfirsichpüree und Schlagsahne anrichten.

Bratäpfel mit Kiwi-Sauce
(4 Portionen)

1/4 l	Orangensaft
40 g	Zucker
1/4	Vanilleschote
4	Boskoop-Äpfel
30 g	Butter
300 g	Kiwis
3 El	trockener Weißwein
	Zimt, Mandelstifte

1 Portion: 1065 kJ; 250 kcal

Orangensaft, Zucker, Vanillemark und -schote bei starker Hitze zu Sirup einkochen.
Geschälte Äpfel ohne Kerngehäuse in Bratform legen und mit Orangensirup übergießen, mit Butterflocken bestükken. Äpfel weichdünsten (200°C, 15 Min.), geschälte Kiwis mit Weißwein und Zimt pürieren. Mandelstifte ohne Fett goldbraun rösten. Mit Püree und Mandeln die Äpfel dekorieren.

Kiwi-Beignets

Reife, geschälte, halbierte oder in dicke Scheiben geschnittene Kiwis werden in Ausbackteig getaucht und in heißem Fett ausgebacken. Darüber gießt man eine mit Rum abgeschmeckte Vanillesoße oder süße Sahne.

Fruchtsalat Auckland (4 Portionen)

300 g	Kiwis
300 g	blaue Trauben
300 g	Erdbeeren
300 g	Birnen
	Zitronensaft
2 El	Orangenlikör
3 El	Zucker

Sauce:
150 g	Crème fraîche
4 El	Eiercognac
1 Tl	Vanillezucker

1 Portion: 1490 kJ; 356 kcal

Kiwis und Birnen schälen, in Stücke oder Scheiben schneiden, mit dem anderen Obst vermischen. Zitronensaft, Orangenlikör und Zucker zusetzen.

Sauce: Crème fraîche mit Eiercognac und Vanillezucker gut verquirlen und über das Obst verteilen.

Kiwi-Kaltschale (4 Portionen)

1/2 l	Weißwein (lieblich)
2 El	Farinzucker
4	Nelken
1 St	Zimtrinde
4 El	Ahornsirup
500 g	Kiwis
100 g	Crème fraîche
	frische Minzeblätter

1 Portion: 1590 kJ; 380 kcal

Weißwein mit Zucker und Gewürzen aufkochen. Vom Herd nehmen, Ahornsirup einrühren, kalt werden lassen. Kiwis schälen, 4 Scheiben für Dekoration aufheben, Rest im Mixer pürieren, durch ein Sieb streichen, damit die Kerne entfernt werden. Wein ebenfalls durch Sieb geben. Wein und Kiwi-Püree mit Crème fraîche verquirlen und kalt stellen. In Suppenteller oder Tassen einfüllen, mit Kiwi-Scheiben und Minzeblättern garnieren.

Marinierte Kiwis mit Eissauce

(4 Portionen)

400 g	Kiwis

Marinade:

2 El	Himbeersirup
2 El	Zitronensaft
1 El	Orangensaft
1 El	Himbeergeist

Eissauce:

1 P	Vanille-Eiscreme
2 El	Himbeergeist
	Waffeloblaten
1 El	gebräunte Mandelblättchen

1 Portion: 1232 kJ; 298 kcal

Geschälte Kiwis fächerförmig aufschneiden, sie sollen zusammenhängend bleiben. Marinade über die Kiwis gießen und ziehen lassen. Eis antauen und cremig schlagen, mit Himbeergeist abschmecken, über die Kiwis gießen, mit Mandelblättchen und Waffeln dekorieren.

Pfirsich-Kiwi-Baisers mit Himbeersahne (4 Portionen)

4	Baiserschalen
4	Pfirsichhälften (Dose)
400 g	Kiwis
200 ml	Schlagsahne
1 El	Puderzucker
2 El	passierte Himbeeren

1 Portion: 1297 kJ; 310 kcal

Pfirsichhälften und Kiwi-Scheiben auf Baiserschale dekorieren. Himbeermus und Puderzucker unter die Schlagsahne ziehen und Rosetten auf das Obst spritzen.

Kiwi-Johannisbeerkuchen
(6 Portionen)

350 g	Rote Johannisbeeren
5 Bl.	weiße Gelatine
300 g	Sahnequark
5 El	Milch
2 cl	Rum
50 g	Zucker
2 P.	Vanillezucker
	einige Tropfen Zitrone
1/8 l	süße Sahne
250 g	Löffelbisquits
300 g	Kiwis

1 Portion: 1575 kJ; 375 kcal

Johannisbeeren entstielen, Gelatine in kaltem Wasser einweichen. Quark mit Milch, Rum, Zucker, Vanillezucker und Zitrone schaumig rühren. Steife Sahne mit Johannisbeeren unterheben, tropfnasse Gelatine bei milder Hitze auflösen und untermischen. Kastenform mit Alufolienstreifen auslegen zum besseren Herausheben. Boden und Wände mit Löffelbisquits auskleiden. Quarkmasse einfüllen und kühl stellen. Unmittelbar vor dem Verzehr mit Kiwi-Scheiben dekorieren.

Kiwi-Quarktorte (12 Portionen)

125 g	Mehl
75 g	Butter/Margarine
30 g	Zucker
1	Citropack
1	Eigelb
5 Bl.	weiße Gelatine
500 g	Quark
150 g	Zucker
3	Eigelb
Saft von 2 Zitronen	
1/4 l	Schlagsahne
4 cl	Orangenlikör
500 g	Kiwis
1	Tortenguß
1/4 l	Wasser
2 El	Zucker

1 Portion: 1431 kJ; 342 kcal

Mehl, Butter, Zucker, Citropack und Eigelb schnell verkneten, in Alufolie 30 Min. kühl stellen. Teig bei 200 °C 15 bis 20 Min. goldgelb backen.
Gelatine kalt einweichen, Quark, Zucker, Eigelb, Zitronensaft glatt verrühren (Schneebesen), Gelatine auflösen und untermischen. Steife Schlagsahne unter Quarkmasse rühren, mit Orangenlikör abschmecken. Diese Masse auf Mürbeteigboden in der Springform glatt einfüllen und kalt stellen (3–4 Std.). Geschälte Kiwi-Scheiben auf der Torte schuppenartig verteilen und mit Tortenguß überziehen.

Beschwipste Kiwi-Törtchen
(4 Portionen)

300 g	Doppelrahm-Frischkäse
3	Gläschen (à 0,2 cl) Eierlikör
3	Vanillezucker
4	Mürbeteigtörtchen
200 g	Kiwis

1 Portion: 1925 kJ; 460 kcal

Doppelrahm-Frischkäse fein zerdrükken, Eierlikör und Vanillezucker untermischen. Käsecreme in Törtchen füllen oder spritzen. Mit geschälten Kiwis dekorieren.

Kiwi-Torte mit Erdbeeren
(12 Portionen)

1 P.	Tortencremepulver Vanille
300 ml	kalte Milch
1	Vanilleschote
200 g	weiche Butter
1,2 kg	Kiwis
200 g	kleinere Erdbeeren
3	Wiener Tortenböden
100 g	Erdbeerkonfitüre
1	Beutel Mandel-(Nuß)-blättchen

1 Portion: 1757 kJ; 420 kcal

Tortencreme und kalte Milch mit Rührbesen schlagen, Vanillemark dazugeben. Butter sehr schaumig rühren, Creme dazugeben, vermengen, kühl stellen. Tortenböden mit Erdbeerkonfitüre, Buttercreme bestreichen, mit Kiwi-Scheiben belegen und aufeinander setzen. Die ganze Torte mit Buttercreme bestreichen und mit Kiwi-Scheiben, Erdbeeren und Mandelblättchen dekorieren.

Getränke

Heißer Kiwi-Punsch

3	Kiwis, geschält, in Scheiben
1 Tl	brauner Kandiszucker
1/10 l	kochendes Wasser
1	Limettenschalen-Spirale
4 cl	weißer Rum
2 cl	Limettensaft (Zitronensaft)

1 Portion: 625 kJ; 150 kcal

Der Rand eines Longdrinkglases wird angefeuchtet und in Zucker getaucht. Kandiszucker und Kiwi-Scheiben einfüllen, mit Limettenschalenspirale im Glas dekorieren. Das heiße Wasser über einen Silberlöffel in das Glas füllen. Weißen Rum anwärmen und zusammen mit Limettensaft zufügen. Sofort servieren.

Kiwi-Sekt

3–4	Eiswürfel
5	Cocktailkirschen
1/2	Pfirsichhälften (Dose)
50 g	Kiwis
1 El	Orangenlikör
1 El	Maraschino
1 El	Zitronensaft (frisch gesiebt)
1/2 Fl	Piccolo, trocken

1 Portion: 870 kJ; 205 kcal

Eiswürfel fein zerkleinern, ein Lobblerglas zur Hälfte füllen, Cocktailkirschen, geschnittene Kiwis und Pfirsiche dazugeben, Orangenlikör, Maraschino und Zitronensaft darüberträufeln und mit Sekt aufgießen.

Kiwi-Fitness-Drink (Schonkost)

100 g	Kiwi, geschält, grob zerkleinert
1/4 l	cremiger Joghurt (3,5 %)
2 El	Zucker
1	Kugel Vanilleeis

1 Portion: 1615 kJ; 386 kcal

Kiwi mit Joghurt und Zucker pürieren, Vanille-Eis-Kugel in ein Longdrinkglas geben und mit Kiwi-Joghurt übergießen.

Kiwi-Mangoschale mit Orangenschaum (4 Portionen)

400 g	Kiwis
400 g	Mango
1 El	Zucker
2	Eigelb
2 El	Zucker
1 El	heißes Wasser
	abgeriebene Orangenschale (unbehandelt)
1/8 l	Orangensaft (frisch)
1 Prise	Zimt

1 Portion: 1140 kJ; 272 kcal

Geschälte Kiwis in Scheiben schneiden. Geschälte Mango in mundgerechte Stücke schneiden, mit Zucker vermischen und kalt stellen. Eigelb, Eiweiß, Zucker und Wasser im Wasserbad zu heller, dicklicher Masse schlagen. Orangenschale und Saft mischen und eßlöffelweise unterschlagen, mit Zimt abschmecken; unter mehrmaligem Umrühren abkühlen lassen. Früchte in Sektschalen mit Orangenschaum übergießen.

Rumtopf/Marmelade, Gelee

Kiwi-Bowle

1 kg	Kiwis
2 Fl	trockener Weißwein
1 Fl	trockener Sekt
1 Tasse	Kristallzucker
1/2 Tasse	Weinbrand oder Cognac

Kiwis schälen, in Scheiben oder kleine Stücke schneiden und in ein Bowlegefäß geben. Dazu kommen der Weinbrand, Kristallzucker und Weißwein, bis die Früchte bedeckt sind. 2 Std. ziehen lassen. Zum Schluß Sekt hinzufügen.

Kiwi-Südsee-Frühling

2 cl	Kiwi-Likör
2 cl	Pfefferminzlikör
1 cl	grüner Bananenlikör
2 cl	Champagner
3 cl	frischer Kiwi-Saft

Alle Zutaten gut vermengen. Man kann auch 5 cl Champagner oder 5 cl frischen Kiwi-Saft verwenden.

Kiwi-Rumtopf

350 g	Zucker
1	Vanilleschote
1/8 l	Wasser
2 El	Zitronensaft
1 Fl.	weißer Rum (38 %)
1 kg	blaue Weintrauben
1 kg	Kiwis

Insgesamt 18860 kJ; 4500 kcal

Zucker und Vanillemark und Schotenstückchen 10 Min. leise sprudelnd kochen lassen, häufig umrühren. Vom Herd nehmen, Zitronensaft schnell dazugeben und unter Umrühren abkühlen lassen, nach und nach mit Rum vermischen. Geschälte Kiwi-Scheiben abwechselnd mit entstielten Weintrauben lagenweise in Glasrumtopf schichten, Zuckerlösung durch ein Sieb darüber gießen.
Haltbarkeit: 8 Wochen
Verwendung zu Eiscreme, als Tortenbelag, zu Fleisch- und Wildgerichten. Saft mit Sekt als Longdrink servieren.

Kiwi-Marmelade

1,5 kg	Kiwis
1,5 kg	Gelierzucker
1/4 l	frisch gepreßter Orangensaft
2	unbehandelte Zitronen
6 cl	Cointreau
2 cl	Weinbrand
10–15	Minzeblätter

insgesamt 29500 kJ; 7050 kcal

Geschälte Kiwi-Stücke mit Gelierzucker vermischen und unter gelegentlichem Umrühren 2 Std. stehen lassen. Die gewaschene Zitronenschale in hauchdünne Scheiben schneiden, mit Cointreau so lange kochen, bis er fast ganz verdunstet ist, dann Weinbrand hinzufügen. Gewaschene Minzeblätter in feine Streifen schneiden, Marmelade einige Minuten sprudelnd kochen, dann in Gläser füllen, gut verschließen und kühl stellen.

Marmelade, Gelee

Kiwi-Bananen-Marmelade

750 g	Kiwi, geschält
250 g	Bananen, geschält
1 kg	Gelierzucker
Saft 1 Zitrone	
2 cl	Rum

Insgesamt 18923 kJ; 4525 kcal

Kiwi-Stücke mit Bananenscheiben, Zucker und Zitronensaft 4–5 Min. sprudelnd kochen lassen. Topf vom Herd ziehen, Rum unterrühren. Masse heiß in Gläser füllen.

Maracuja-Aprikosengelee mit Kiwi

1 Fl	(0,7 l) Maracuja-Aprikosen-Fruchtnektar
50 g	Weißwein
1 kg	geschälte Kiwis
1 kg	Zucker
2 Blt.	Gelierzucker
4 Gl.	(à 0,2 cl) Maracuja oder Orangenlikör

1 Portion (30 g): 230 kJ; 55 kcal

Fruchtnektar mit dem Wein zu einem 3/4 l Flüssigkeit auffüllen. Geschälte Kiwi-Stückchen in den Fruchtnektar geben, Zucker und Geliermittel einrühren und zum Kochen bringen. 1 Min. sprudelnd kochen lassen, Topf zur Seite ziehen, den Likör hinzufügen, in Gläser füllen und gut verschließen. Reicht für etwa 7 Gläser.

Snacks

Dank des weltweiten und jahreszeitlich unabhängigen Kiwi-Angebotes können erfrischende Snacks immer gereicht werden. Die Dekorationsmöglichkeiten sind unerschöpflich, ob als ganze oder halbe Scheiben, Würfel oder Dreiecke. Kiwi-Früchte können genommen werden in Verbindung mit allen Wurstsorten, Salami, kaltem Braten, Pökelzunge, Bündner Fleisch, Räucherlachs, Krabben, Hummerfleisch, Eierscheiben, Käse und Quark – salzig oder süß – verwendet werden.

Die Kiwi-Auflage kann zusätzlich mit einer Kirsche, Erdbeere oder einem Meerrettichtupfer verziert werden.

Es empfiehlt sich, die geschnittenen Kiwi-Stücke in Zitronenwasser zu legen, damit sie nicht so schnell braun werden. Man kann die Früchte in Aspik einhüllen und geschnitten auf Kräcker oder Brotscheiben legen. Die Snacks eventuell mit einer klaren Glasur überziehen.

Literatur

Bauckmann, M.: Unser Beerengarten. Kosmos Verlag, Stuttgart 1979.

Friedrich, G.; Schuricht, W.: Seltenes Kern-, Stein- und Beerenobst. Neumann Verlag, Leipzig 1985.

Fletcher, W.A.: Growing chinese gooseberries. Wellington, New Zealand 1973.

Gremminger, U.; Husistein, A.: Erfahrungen mit Kiwi. Schweizer Zeitschrift für Obst- und Weinbau, Nr. 15, 410–418, 1985

Hansul, G.: *Actinidia chinensis* – Vermehrung. Anbau und Vermarktung in Neuseeland. Diplomarbeit, Freising-Weihenstephan 1980.

Komplettbüro für Pressearbeit: New Zealand Kiwifruit. München.

Mengel K.: Ernährung und Stoffwechsel der Pflanze. Gustav Fischer Verlag, Stuttgart 1972.

Thewes, E.: Die Möglichkeiten des Anbaues von *Actinidia chinensis* in der Bundesrepublik Deutschland und seine Konkurrenzkraft gegenüber ausländischen Importen. Diplomarbeit, Geisenheim 1984.

Bildquellen

Sachregister

Seitenzahlen mit Sternchen* verweisen auf Abbildungen.